たのしくことばが身につく！

なぞなぞ1000

高橋啓恵・著
深谷圭助・監修

池田書店

おうちの方へ

小学校に入学する時点での子どもの語彙数は平均して 5000 語程度とされていますが、子どもによって開きがあります。未就学の子どもは主に絵本や遊び、日常生活を通して言葉を習得します。

そのなかで、「なぞなぞ」は語彙力を増やすのに最適な遊びといえます。問題を理解して答えを考え、すぐにわからない場合でも自分のもつ語彙から答えを選び、知らない言葉が答えであっても正解がわかった喜びとともに新たな言葉を学ぶことができます。

本書でお子さんと遊ぶ際は、次のようなことを意識しながら取り組んでみましょう。

- 正解できた問題は、答え欄のチェックボックスにチェックマークをつけたり色をぬったりしましょう。目で見てわかるようにすることで、お子さんがより達成感を感じられます。
- なかなか答えが思いつかないときは、すぐに正解は教えず、ヒントを出してあげてください。また、正解ではない解答であっても、何が違うのかお子さんが考え、語彙力を広げるチャンスになります。
- おうちの方がオリジナルのなぞなぞを考えて出題するなど、日々の会話や学習のなかでも「遊びながら学ぶ」ことを意識しましょう。

言葉はすべての学習の基礎となるものです。本書が遊びを通して、お子さんが言葉に興味をもつ一助となれば幸いです。

監修　深谷圭助

もくじ

とうじょうするキャラクター

ゆうとくん
小学《しょうがく》2年生《ねんせい》。
国語《こくご》がにがて

あおいちゃん
小学《しょうがく》1年生《ねんせい》。
ゆうとくんの妹《いもうと》。
国語《こくご》がとくい

カックン
なぞなぞの王《おう》さまの
つかいの、
えんぴつのようせい

ナゾン三《さん》せい
子《こ》どもになぞなぞを
出《だ》すのが大《だい》すきな、
なぞなぞの国《くに》の王《おう》さま

ステージ1
ハテナン

ステージ2
アタリーナ

ステージ3
トクトク

ステージ4
リードル

ステージ5
パズルン

この本《ほん》のあそび方《かた》

1 5つのステージのなぞなぞをとこう

この本《ほん》のなぞなぞは、５つのステージに分《わ》かれているよ。
ステージごとに出《で》るなぞなぞのしゅるいがかわるから、楽《たの》しんでといてね！

なぞなぞを楽《たの》しむために

- わからないときは、おうちの人《ひと》にヒントを出《だ》してもらおう。
- おうちの人《ひと》や友《とも》だちとなぞなぞを出《だ》し合《あ》いっこすると楽《たの》しいよ！
- ぜんぶとけたら、じぶんでもなぞなぞ作《づく》りにチャレンジしてみよう！

2 いろいろななぞなぞにチャレンジ！

この本《ほん》には「むずかしいなぞなぞ」「ダジャレなぞなぞ」「いじわるなぞなぞ」もあるよ。マークを見《み》てね。

3 クイズやパズル、おまけもんだいもあるよ！

なぞなぞだけじゃなくて、クイズやパズルもといてみよう。
もっとことばがおぼえられちゃうことまちがいなし。
おまけもんだいも楽《たの》しめるよ！

4 むずかしいことばは、せつめいを読《よ》もう

こたえの中《なか》のむずかしいことばや、
くわしく知《し》っておきたいことばには、せつめいが書《か》かれているよ。
知《し》っていることばのつかい方《かた》もわかるから、ぜひ読《よ》んでね！

「ドレミファソラシド」はイタリア語《ご》。日本語《にほんご》では音《おん》かいを「ハニホヘトイロハ」であらわすんだぞ。

5 ステージをクリアしたら「ごほうびクイズ」をとこう

ステージのなぞなぞがぜんぶとけたら、「ごほうびクイズ」にチャレンジ！
「ごほうびクイズ」をぜんぶとくと、「ことばがみにつく王《おう》かん」をもらえるよ！

ステージ1

生《い》きもののなぞなぞ

えっ
なに？
えんぴつの
おばけ…!?
はじめまして！
わたくし
カックンともうします
ゆうとくんは
ことばが
おぼえられなくて
こまって
いらっしゃるの
ですね？
ペラペラ
う…
うん
そんな
ゆうとくんに
ぴったりなのが
『ことばが
みにつく王《おう》かん』
であります！
ジャーン！
ことばが
みにつく
王《おう》かん？
はい！
こちらを
ごらん
ください！
なぞなぞで
ワシの手下《てした》と
しょうぶして
おしろまで
来《こ》られたら
『ことばがみにつく
王《おう》かん』を
あげてもいいぞ
なぞなぞの
王《おう》さま　より

かぶるだけでことばがおぼえられるの？ほしい！
なんだかあやしいわ…
王《おう》かんを見《み》つけるためには5つのマークをあつめなくてはなりません
ゲームみたいでおもしろそうじゃん！
では　さっそくもんだいです！
木《き》が3本《ぼん》でできている木《き》がたくさんあるところってなーんだ？
木《き》がたくさんなのに3本《ぼん》…？
えっと…木《き》が3本《ぼん》…
あっわかった！
森《もり》ね！
せいかいです！ではまいりましょう！
えっ？わっわああ！
ビューーン！

ほんとうに森《もり》に来《き》ちゃったわ
なにか出《で》そうだな～
ズーン
グヒヒ～なぞなぞであそぶぞ～
うわあ！
きゃっ！
さあ さいしょのなぞなぞはこちらのハテナンがあいてですよ！
おいらは生《い》きもののなぞなぞを出《だ》すぞ～グヒヒ
生《い》きもののなぞなぞ？

夏《なつ》のはじめにあらわれるきれいなさいってなんだ～？
グヒヒ
きれいなさい？
生《い》きものといってもどうぶつじゃないのかしら…
グヒヒ　そのとおりどうぶつじゃなくてお花《はな》なんだな～
わかった！夏《なつ》のはじめだから
あじさい
ね！
せいかーい
グヒヒ～
パチパチ
さぁどんどんといていきましょう！

001

トランプの中《なか》に
かくれている
どうぶつってなに？

002

かなしいときに
目《め》から出《で》てくる
しょっぱいなみって
なーんだ？

003

「か」が2つ
これなーんだ？

004

ふたの頭《あたま》に点《てん》がついたら
どうぶつになったよ
それはなに？

005

1羽《わ》しか
いなくても
2羽《わ》という
鳥《とり》って
なに？

006

顔《かお》に
生《は》えている
まつって
なに？

007

森《もり》の中《なか》で
晴《は》れていても
かさを
さしている
こって　だれ？

008

花《はな》たばになっても
バラバラだと
いわれる
とげのある
きれいな花《はな》は？

10～11ページのこたえ

001 とら …… □	**002** なみだ …… □
003 かに …… □	**004** ぶた …… □

なみだが出《で》るのは、かなしいときだけじゃないぞ。おおわらいしたときやあくびをしたときにも出《で》るんだ。

009

やってきても
とびはねながら
帰《かえ》ってしまう
生《い》きものって
なに？

010

岩《いわ》から
石《いし》をとったら
なにになる？

011

いつも
「モ～！」って
おこって
鳴《な》いている
どうぶつって
なに？

012

話《はな》すときも
食《た》べるときも
いきをするときも
つかう　みんなに
1つずつ
あるものは？

013

首《くび》が長《なが》くて
キリッと
している
どうぶつって
なに？

014

みんなの
体《からだ》の中《なか》にある
白《しろ》くてかたい
「ね」って
どんなね？

015

ダジャレ

おばあさんが
くろうして
そだてた
しょくぶつは
なに？

016

むずかしい

点《てん》をとると
大《おお》きくなる
どうぶつって
なに？

017

水《みず》の上《うえ》を
すいすい歩《ある》く
食《た》べられない
あめって
なに？

12～13ページのこたえ

005	にわとり	☐	006	まつげ	☐
007	きのこ	☐	008	ばら	☐
009	かえる	☐	010	山《やま》	☐
011	牛《うし》	☐	012	口《くち》	☐
013	キリン	☐			

まつげには、ごみやほこりから目《め》をまもるという、たいせつなやくわりがあるぞ。

018

パンはパンでも
食《た》べられない
色《いろ》が白《しろ》と黒《くろ》の
パンって
なに？

019

にわを
ひっくり
かえしたら
出《で》てきた
どうぶつって
なに？

020

ダジャレ

スケート
リンクに
2羽《わ》いる鳥《とり》って
なあに？

021

たくさん
歩《ある》いても
ちょっとしか
歩《ある》いていないと
いわれるものは？

022

いつもせきを
している
どうぶつって
なに？

023

顔《かお》のどこかに
2ひきのぶたが
いるよ。
どこかな？

024

れいぞうこに
入《はい》っている
大《おお》きな
どうぶつはなに？

14〜15ページのこたえ

014	ほね □	015	クローバー □
016	犬《いぬ》 □	017	あめんぼ □
018	パンダ □	019	わに □
020	つる（ツルツル） □	021	さんぽ（3歩《ぽ》） □
022	きつね（コンコン） □		

「犬《いぬ》」というかん字《じ》の右上《みぎうえ》にある「`」をとると、「大《だい》」というかん字《じ》になるぞ。

025

ねむいとき
口《くち》から出《で》てくる「くび」って
どんな「くび」？

026

チンパンジーが
いつももっている花《はな》って
なに？

027

クリスマスに
おじいさんが
のったそりを
ひっぱっている
ツノのついた
カイってなに？

028

くつが
9つあるところは
広《ひろ》いかな？
せまいかな？

029

かみの毛《け》が
はえていなくても
「かみがおおい」と
いわれる
どうぶつって
なに？

030

さんかくの耳《みみ》で
ニャーと鳴《な》く
お魚《さかな》がすきな
こって
どんなこ？

16～17ページのこたえ

023	まぶた	□	024	ぞう	□
025	あくび	□	026	パンジー	□

ぞうの赤《あか》ちゃんは生《う》まれたときに体《からだ》の大《おお》きさが 1 メートルくらい、おもさは 100 キロくらいあるんだって。

031

すみっこに
さいている
むらさき色《いろ》の
花《はな》って
なんの花《はな》？

032

ダジャレ

いつも
「おとしなさい！」と
いっている
海《うみ》にいる大《おお》きな
生《い》きものはなに？

033

海《うみ》の中《なか》や
すなはまにいる
ほとんど
うごかないひとって
なあに？

034

春《はる》に
花《はな》がさくのに
秋《あき》や冬《ふゆ》でも
「さく」という
花《はな》ってなに？

035

「あかさたな」
の中《なか》にいる
夏《なつ》によく見《み》る
いや〜な虫《むし》は？

クイズ 036

「ある」と「ない」にならぶことばからこたえをかんがえてね。

ある	ない
みそ	しょうゆ
み	花《はな》
空《そら》	雲《くも》

これなあに？

クイズ 037

「ある」と「ない」にならぶことばからこたえをかんがえてね。

ある	ない
いちご	ぶどう
りんご	もも
バナナ	パイナップル

これなあに？

18～19ページのこたえ

027 トナカイ …………… □
028 せまい（「9くつ」だから） …………… □
029 おおかみ …………… □
030 ねこ …………… □
031 すみれ …………… □
032 おっとせい …………… □
033 ひとで …………… □
034 さくら …………… □
035 か …………… □

クイズ 038

つぎの４つのうち、
ひとつだけ
「なかまはずれ」があるよ。
どれかわかるかな？

クイズ 039

つぎの４つのうち、
ひとつだけ
「なかまはずれ」があるよ。
どれかわかるかな？

040

こんでいる
ところに
いる鳥《とり》って
なぁに？

ダジャレ

041

へってもへっても
なくならないけど
へるとすくもの
ってなに？

042

しょくぶつを
からしてしまう
黒《くろ》い鳥《とり》は
なーんだ？

ダジャレ

043

自分《じぶん》のことを
おじいさん
みたいに
いう鳥《とり》って
どんな鳥《とり》？

20～21ページのこたえ

036 ドレミファソラシドのどれか …□

037 数字《すうじ》 ……………□

038 T《ティー》シャツ（夏《なつ》にきるもの） ……………□

039 パイナップル（白黒《しろくろ》ではない） ……………□

「ドレミファソラシド」はイタリア語《ご》。日本語《にほんご》では音《おん》かいを「ハニホヘトイロハ」であらわすんだぞ。

044

「たちつてと」の
中《なか》でものをもてる
体《からだ》のぶぶんは
なに？

045

あたたかく
なると
きえてしまう
白《しろ》いだるまって
なに？

046

なにかと
思《おも》ったら
足《あし》だったという
生《い》きものって
なに？

ダジャレ

047

お父《とう》さんの
となりはお母《かあ》さんと
お兄《にい》さんと
お姉《ねえ》さん　さらに
そのとなりに
いるのは？

048

体《からだ》の
下《した》のほうに
ついている
首《くび》って
どんな首《くび》？

049

ハートの中《なか》を
とったら
とんでいったよ
なにに
なったの？

050

顔《かお》から出《で》ている
2つの
ゆげって
どんなゆげ？

051

みどり色《いろ》の体《からだ》で
前足《まえあし》が
かまみたいな
わたしは
だあれ？

052

「かきくけこ」の
中《なか》で　みんなに
生《は》えているのは
どれ？

22～23ページのこたえ

040 コンドル …………… □
041 おなか …………… □
042 からす …………… □
043 わし …………… □
044 手《て》 …………… □
045 雪《ゆき》だるま …………… □
046 あしか（足《あし》か） …………… □
047 あかちゃん（ゆび） …………… □
048 足首《あしくび》 …………… □

あしかは、水《すい》ぞくかんでボールをつかってショーをすることもある、みんなの人気《にんき》ものだぞ。

053

花《はな》がひらく前《まえ》の
小《ちい》さな
「み」って
どんなみ？

054

いつもおうちを
せおっていて
目《め》がピョコッと
とび出《で》る
生《い》きものは？

055

よごれて
いなくても
いつも「すす」が
ついている
秋《あき》のしょくぶつ
って　なに？

056

ジャンプが
とくいで
耳《みみ》が長《なが》い
にんじんが
大《だい》すきな
わたしはだあれ？

057

ものをなにも
もっていなくても
いつも「しまう」と
いっている
どうぶつって
なに？

058

さかだちしたら
どろぼうに
なっちゃう
どうぶつは
なあに？

059

「もう
お昼《ひる》だ！」と
気《き》づいた鳥《とり》は
どんな鳥《とり》？

ダジャレ

24～25ページのこたえ

049	はと	050	まゆ毛《げ》
051	かまきり	052	け（毛《け》）
053	つぼみ	054	かたつむり
055	すすき	056	うさぎ
057	しまうま		

まださいていないけど、もうすぐ花《はな》びらがひらくときの花《はな》のようすを「つぼみ」っていうんだ。

060

かばんの中《なか》に
いつも入《はい》っている
どうぶつって　なに？

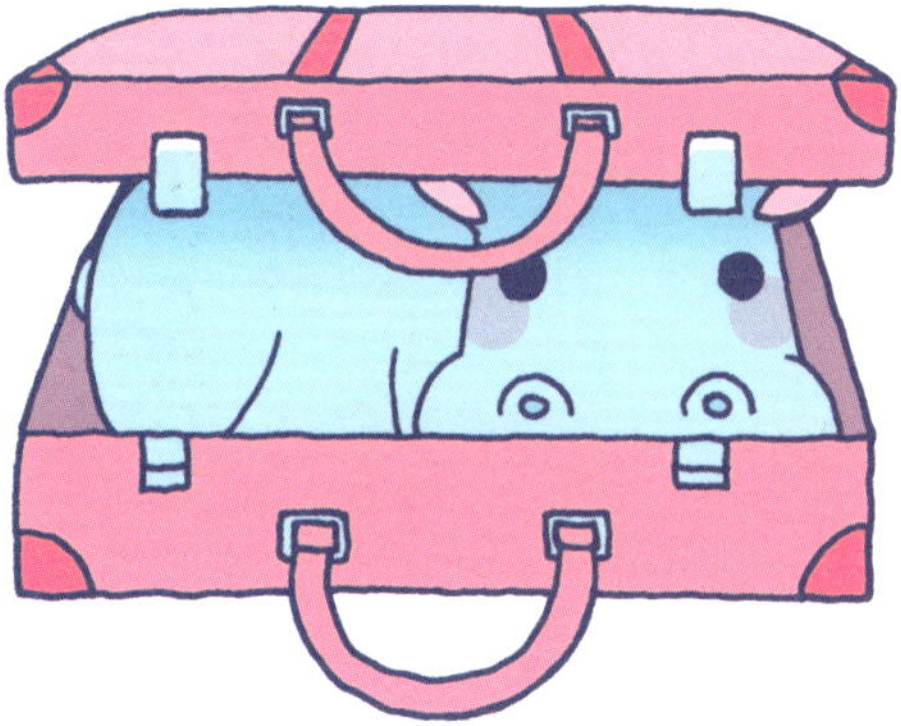

061

顔《かお》の中《なか》にいる
ひとりしかいないこって
どんなこ？

062

夜明《よあ》けに
「がおー」と鳴《な》いて
さく花《はな》は？

ダジャレ

063

大《おお》きなくちばしで
カンをもっている
鳥《とり》ってなぁに？

26～27ページのこたえ

058 りす …………… □	059 あひる（あ、昼《ひる》！）……… □
060 かば …………… □	061 おでこ …………… □

りすは、せかいのあちこちにいるどうぶつだぞ。すきな食《た》べものは、木《き》のみ、草花《くさばな》のたね、くだものなど。

おまけ

まちがいさがし

上《うえ》の絵《え》と下《した》の絵《え》のちがうところを
5つみつけてね。

064

右《みぎ》足《あし》では
ぜったいに
ふめないものって
なに？

いじわる

065

あたたかく
なるとやってくる
つばのついた
鳥《とり》ってなに？

066

ヘビみたいだけど
もっと小《ちい》さくて
「みず」というけど
土《つち》の中《なか》が
大《だい》すきなのは？

067

1ばん
じょうずでも
10ばんといわれる
どうぶつの
びょうきやけがを
なおす人《ひと》は？

むずかしい

28ページのこたえ

062 朝顔《あさがお》 ……………… □　　063 ペリカン ……………… □

朝顔《あさがお》は、小学校《しょうがっこう》のべんきょうで「かんさつする花《はな》」のひとつになっているぞ。みんなもそだててみよう。

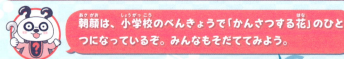

068

空《そら》だと大《おお》きくて
白《しろ》いふわふわ
りくだと小《ちい》さくて
すを作《つく》っている
これって
なあに？

069

外《そと》では
ふいていて
ひくとぐあいが
わるくなる
ものって
なに？

070

長《なが》い木《き》と
みじかい木《き》
かれにくいの
はどっち？

ダジャレ

071

もりというけど
黒《くろ》くて
空《そら》をとべる
もりってなに？

072

「かみなさい」
という
こうらをもっている
歩《ある》くのが
ゆっくりな
生《い》きものって？

ダジャレ

073

お父《とう》さんのネクタイの中《なか》でおよいでいる魚《さかな》ってなに？

074

9つのカンをもっているおしゃべりな鳥《とり》ってなに？

30～31ページのこたえ

064	自分《じぶん》の右足《みぎあし》 ……………… □	065	つばめ ……………… □
066	みみず ……………… □	067	じゅうい ……………… □
068	くも ……………… □	069	かぜ ……………… □
070	長《なが》い木《き》（長《なが》生《い》き） ……… □	071	こうもり ……………… □
072	かめ ……………… □		

どうぶつのおいしゃさんのことを「じゅうい」とよぶんだ。かん字《じ》は「十位《じゅうい》」ではなくて「獣医《じゅうい》」と書《か》くぞ。

075

とびらのかげに
かくれている
生《い》きものは　なあに？

076

貝《かい》がびっくりかえったら
ちがう海《うみ》の生《い》きものに
なったよ　なーんだ？

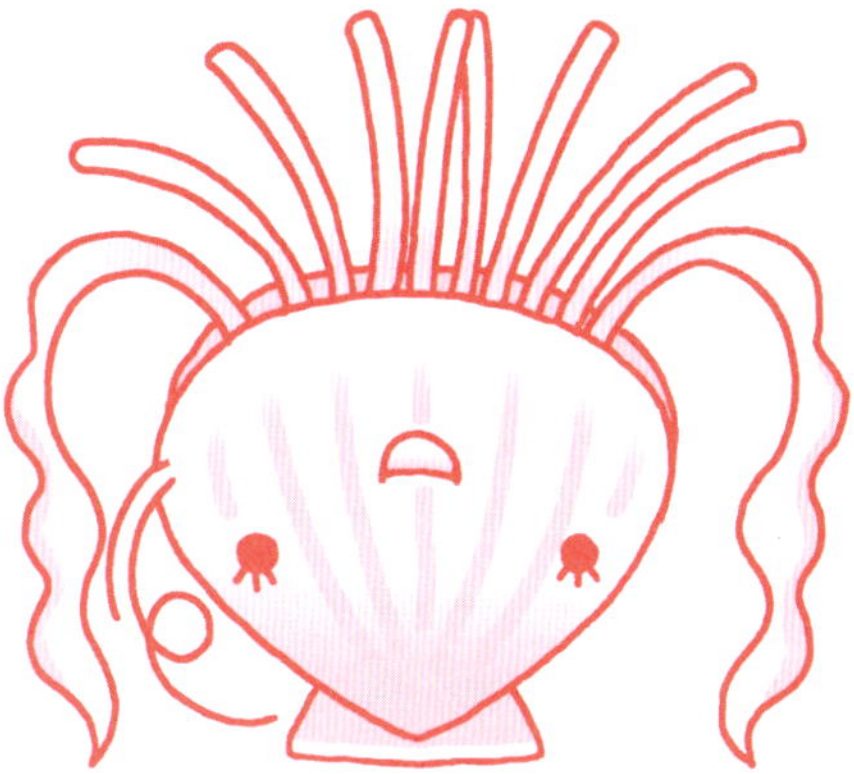

077

人間《にんげん》がもって
いるのは
「けつえきがた」
では　はさみを
もった夏《なつ》の虫《むし》は
なにがた？

078

ダジャレ

へんじが
じょうずな
体《からだ》の中《なか》の
ぶぶんはどこ？

079

とつぜん口《くち》から
何回《なんかい》も出《で》てくる
食《た》べられない
くりって
どんなくり？

080

5月《がつ》に
たんじょう日《び》
じゃなくても
母《はは》の日《ひ》に
プレゼントするのは
なんの花《はな》？

32～33ページのこたえ

073	たい ……………… □	074	きゅうかん鳥《ちょう》 ……………… □
075	とかげ ……………… □	076	いか ……………… □

いかは10本《ほん》足《あし》の海《うみ》の生《い》きもの。でも、そのうち2本《ほん》は足《あし》に見《み》えるけど、ほんとうは「うで」なんだ。

081

とんかつじゃ
ないけど
「かつ」という
おいしい魚《さかな》って
なに？

082

はさみでも
ほうちょうでも
切《き》れないけど
走《はし》ったあとは
よく切《き》れる
ものはなに？

083

ダジャレ

川《かわ》で
うそを
ついている
どうぶつって
なに？

084

子《こ》どもははっぱを
食《た》べて　そのあと
なにも食《た》べず
おとなになったら
花《はな》のみつをすう
わたしはだあれ？

085

はっぱが
大《だい》すきな
うごく
いもって
なに？

086

さいしょは
ギザギザのはっぱ
おとなになったら
黄色《きいろ》い頭《あたま》
年《とし》をとったら白《しろ》い
頭《あたま》になる花《はな》は？

087

はっぱが
はりみたいに
チクチク
している
いつもだれかを
まっている木《き》は？

088

海《うみ》の中《なか》で
ゆらゆらしてる
すきとおった
くらって
なあに？

089

「たちつてと」の
なかで
みんなの体《からだ》の中《なか》を
ながれている
ものはなに？

34～35ページのこたえ

077	くわがた	□	**078**	はい	□
079	しゃっくり	□	**080**	カーネーション	□
081	かつお	□	**082**	いき	□
083	かわうそ	□	**084**	ちょう	□
085	いも虫《むし》	□			

ちょうは「たまご→ようちゅう→さなぎ→せいちゅう」とそだつ。ようちゅうを「いも虫《むし》」とよぶぞ。

090

とまっていても
はやいと
いわれる
虫《むし》って
なに？

ダジャレ

091

海《うみ》だと
8本《ぼん》足《あし》の生《い》きもの
りくだと
羽《はね》がなくても
空《そら》をとぶもの
これなあに？

092

森《もり》の
てっぺんから
木《き》を1つ
ぬいたら
なにになる？

093

なかみが
つまっていても
からっぽだと
いわれる
みんなも
もっているもの
なーんだ？

094

あけると見《み》えて
とじると
見《み》えない
顔《かお》に2つある
ものなあに？

パズル 095

絵《え》を見《み》ながら
つぎの文字《もじ》を
ならべかえてね。

パズル 096

絵《え》を見《み》ながら
つぎの文字《もじ》を
ならべかえてね。

36～37 ページのこたえ

086	たんぽぽ ……………… □	**087**	まつ ……………… □
088	くらげ ……………… □	**089**	ち ……………… □
090	はえ ……………… □	**091**	たこ ……………… □
092	林《はやし》 ……………… □	**093**	体《からだ》 ……………… □
094	目《め》 ……………… □		

パズル 097

①から③を読《よ》んでクロスワードをといてね。

① ユーカリのはを食《た》べて木《き》の上《うえ》でくらす

② おすにはたてがみがあるけものの王《おう》さま。

③ 体《からだ》の色《いろ》が白《しろ》と黒《くろ》のくまのようなどうぶつ

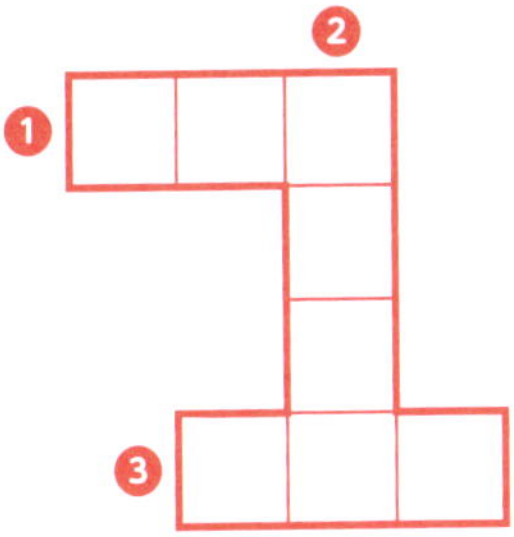

※マスに入《い》れることばは、ひらがなで書《か》いてね。

パズル 098

①から③を読《よ》んでクロスワードをといてね。

① 魚《さかな》がすきで、「ニャー」と鳴《な》く家《いえ》でもかわれているどうぶつ

② 草《くさ》むらにすむ虫《むし》で、秋《あき》の夜《よる》にオスが「コロコロ」と鳴《な》く

③ おなかが白《しろ》くて、せなかが黒《くろ》いさむいところにいる、とべない鳥《とり》

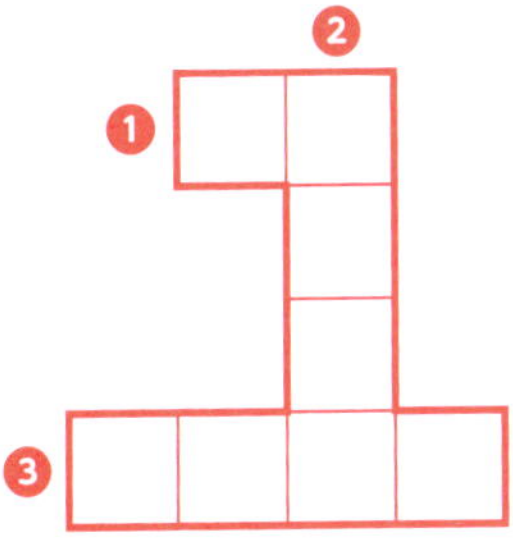

※マスに入《い》れることばは、ひらがなで書《か》いてね。

099

顔《かお》の
まんなかでさく
しょくぶつは
なあに？

100

手足《てあし》に
ついている
くすりって
どんなくすり？

101

ひっくり
かえったら
かるくなる
生《い》きものって
なに？

102

顔《かお》の中《なか》で
おしとやかに
わらう
ところって
どこ？

38〜39ページのこたえ

095 サッカー ………………… □

096 せつぶん ………………… □

097

❶ こあら　❷ らいおん　❸ ぱんだ

こ	あ	ら	
		い	
		お	
	ぱ	ん	だ

……… □

098

❶ ねこ　❷ こおろぎ　❸ ぺんぎん

	ね	こ	
		お	
		ろ	
ぺ	ん	ぎ	ん

……… □

103

みんなの
顔《かお》についている
ビルって
なに？

104

口《くち》から出《だ》すことは
できるけど
しまえない
大《おお》きくも小《ちい》さくも
なるものは？

105

「は」と「ま」の
つぎにある
人《ひと》の顔《かお》に
あるものは
なあに？

むずかしい

106

さされても
いたくないけど
みんなが
見《み》ちゃうものは
なに？

107

手《て》と足《あし》の先《さき》に
ついている
たくさんの
「め」って
どんなめ？

108

「来《き》なさい」と
えらそうにいう
魚《さかな》って　なに？

ダジャレ

109

生《い》きている
きものって
どんなきもの？

40～41ページのこたえ

099	はな □	100	くすりゆび □
101	いるか □	102	ほほ □
103	くちびる □	104	声《こえ》 □
105	ひとみ □	106	ゆび □
107	つめ □		

ほっぺたのことを「ほほ」というぞ。「ほほほ……」は女《おんな》の人《ひと》がじょうひんにわらうようすをあらわしたもの。

110

耳《みみ》がついていないのに
話《はなし》を聞《き》いてくれる
花《はな》ってなに？

ダジャレ

111

わるさをすると
はに　あながあいちゃう
はみがきでふせぐ虫《むし》って
どんな虫《むし》？

112

花《はな》がする
いきって
どんないき？

ダジャレ

113

ねるときに
数《かず》を数《かぞ》えると
いいのは
なんじ？

むずかしい

114

かゆいときじゃ
なくて
あついときに
かくもの
な〜んだ？

115

夏《なつ》の
たいようの下《した》で
さく　ひまな
花《はな》ってなに？

42〜43ページのこたえ

108	こい……………… □	109	生《い》きもの……………… □
110	きく……………… □	111	虫《むし》ば……………… □

「来《こ》い」をていねいな言《い》い方《かた》にすれば「来《き》てください」「いらっしゃい」になるぞ。

116

ついたら
いたくて
食《た》べられない
もちって
どんなもち？

117

夜空《よぞら》にかがやく
のはせいざ
しゃがむときに
まげるのは
なにざ？

118

ダジャレ

やきゅうで
ボールをうつ
虫《むし》はなあに？

119

足《あし》の
いちばん先《さき》って
どんな先《さき》？

120

どんな人《ひと》も
ふまれても
いたくない
自分《じぶん》のいちぶ
ってどこ？

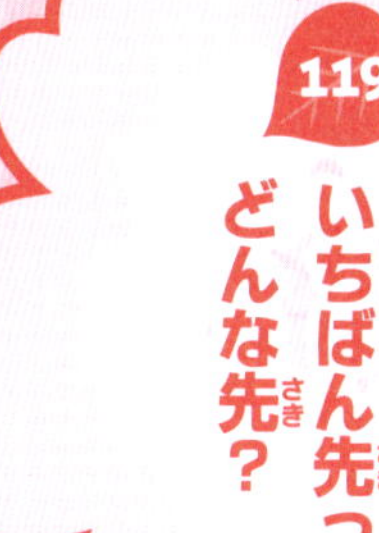

121

火《ひ》のそばにいる
黄《き》色《いろ》い
どうぶつの
あかちゃんって
なに？

122

魚《さかな》の体《からだ》を
おおっている
キラキラして
いるかたい
「こ」って
どんなこ？

44～45ページのこたえ

112	はないき ……□	113	ひつじ ……□
114	あせ ……□	115	ひまわり ……□
116	しりもち ……□	117	ひざ ……□
118	バッタ ……□	119	つま先《さき》 ……□
120	かげ ……□		

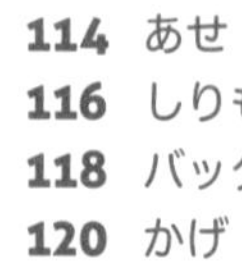

ねむれないときに「ひつじが1ぴき、ひつじが2ひき……」と数《かぞ》えるとねむれるという話《はなし》があるぞ。

123

海《うみ》の生《い》きもので
いちばん体《からだ》が大《おお》きいのは
くじらだよ　では
たこといかはなんばん？

むずかしい

124

こんちゅうずかんの中《なか》に
かくれて鳴《な》いている
2ひきのどうぶつは
なにとなに？

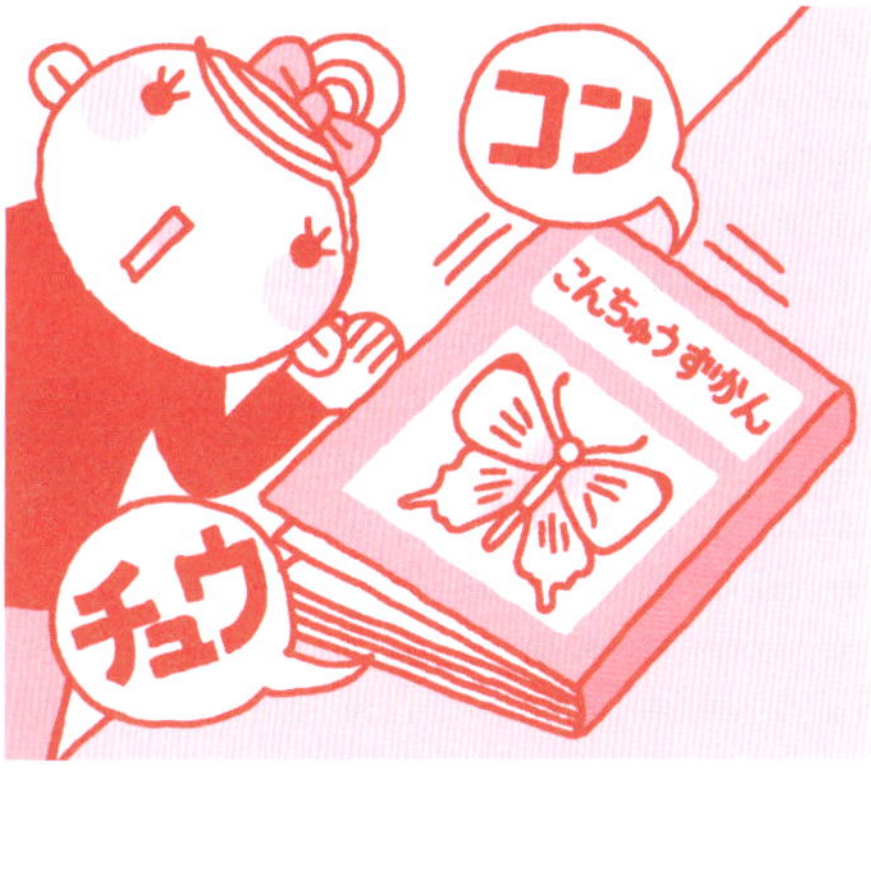

125

お店《みせ》を
ひっくりかえしたら
あらわれた虫《むし》って
なに？

126

ぞうはぞうでも
みんなの体《からだ》の中《なか》で
いつもうごいている
ぞうって　なに？

46～47ページのこたえ

121	ひよこ	□	**122**	うろこ	□
123	きゅうばん	□	**124**	きつねとねずみ	□

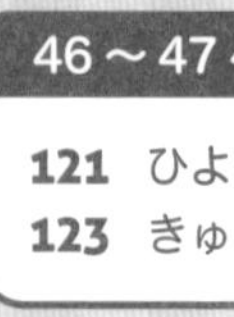

きゅうばんには、ものをつかまえるやくわりがあるんだ。
いかのきゅうばんには小《ちい》さいつめがついているぞ。

おまけ 数《かぞ》えよう

上《うえ》と同《おな》じ魚《さかな》の数《かず》を数《かぞ》えてね。右《みぎ》と左《ひだり》がはんたいになっているものも数《かぞ》えるよ。

127 いじわる

朝《あさ》
ふとんから
出《で》る前《まえ》に
「きる」のは
なに？

128 むずかしい

手《て》なら「ほうき」
足《あし》なら「くつ」
口《くち》なら「くうき」
これはなにを
しているの？

129 むずかしい

かえるが
もっている
かきって
どんなかき？

130

むりというけど
目《め》をつむったら
いつのまにか
できてしまう
のはなに？

48ページのこたえ

125 せみ ……………… □　**126** しんぞう ……………… □

しんぞうは休《やす》まずにうごいて、体《からだ》ぜんたいに、けつえきをおくりだすポンプのようなやくわりをしているんだ。

131

体《からだ》がピンク色《いろ》で
足《あし》が細《ほそ》くて
かた足《あし》立《だ》ちが
とくいな
わたしは
だあれ？

132

いじわる

ねているときに
口《くち》から　出《で》てくる
とうめいな
だれって
いったいだれ？

133

ダジャレ

そこにいるのに
「いなくなる」
という
どうぶつは
なに？

134

おきているときは
かけなくて
ねているとき
しか　かけない
うるさいものって
なに？

135

ダジャレ

みみずが9ひき
あつまったら
鳥《とり》になったよ
なんていう鳥《とり》に
なった？

136

かぜをひいて
いるときに
あがったり
さがったりする
ものはなに？

137

くしはくしでも
かみの毛《け》を
とかせなくて
春《はる》にしか見《み》られ
ない　くしって
どんなくし？

138

顔《かお》のまわりに
毛《け》がはえている
お肉《にく》が大《だい》すきな
強《つよ》いどうぶつ
わたしはだあれ？

139

みんなの
体《からだ》の中《なか》にある
「えき」って
なにえき？

むずかしい

50～51ページのこたえ

127	おきる	□	128	はいている	□
129	みずかき	□	130	いねむり	□
131	フラミンゴ	□	132	よだれ	□
133	さる	□	134	いびき	□
135	みみずく	□			

おきていなくてはと思《おも》っているのに、ねむくてついウトウトしてしまうことを「いねむり」というぞ。

140

体《からだ》が大《おお》きいのは
おすもうさん
では　日本《にほん》で
いちばん高《たか》いのは
なにさん？

141

男《おとこ》の人《ひと》から
力《ちから》がとれたら
なにになる？

142

いじわる

プレゼントに
リボンを
むすぶのは
なんで？

143

びょうきの
もとになる
見《み》えない
小《ちい》さなきんて
どんなきん？

144

ダジャレ

何《なん》羽《わ》いても
「9じゃ9」と
いう　はでな
かっこうをした
鳥《とり》ってなに？

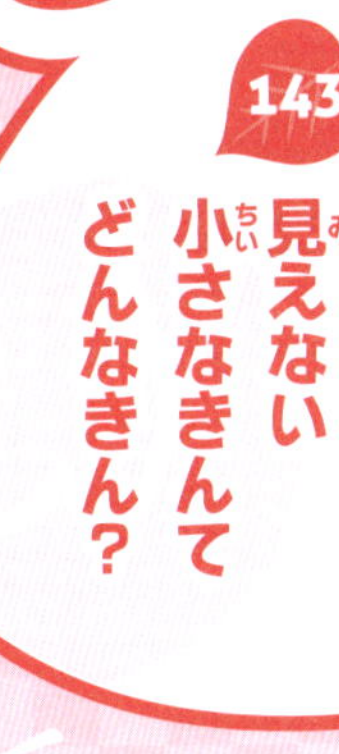

145

みんなの体《からだ》の
いちばん上《うえ》に
ついている
たまって
どんなたま？

146

春《はる》に空《そら》をとぶ
きれいな声《こえ》の
いすって
どんな　いす？

むずかしい

52〜53ページのこたえ

- 136　ねつ …………………… □
- 137　つくし …………………… □
- 138　ライオン …………………… □
- 139　けつえき …………………… □
- 140　ふじ山《さん》 …………………… □
- 141　田《た》 …………………… □
- 142　手《て》で …………………… □
- 143　ばいきん …………………… □
- 144　くじゃく …………………… □

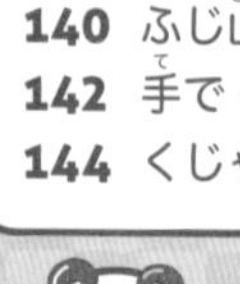

オスのライオンの顔《かお》のまわりにある毛《け》を「たてがみ」というぞ。メスのライオンは、たてがみがないんだ。

147

おなかをかくすと
「コラ!」とおこる
どうぶつって　なに?

148

「ここにいてもいい?」と
おばあちゃんに聞《き》いたら
口《くち》の中《なか》からあるものを
出《だ》したよ
こたえはなに?

ダジャレ

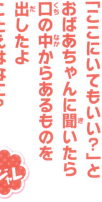

ダジャレ

149

貝《かい》を見《み》つけた
ところは
つめたいところ？
あたたかい
ところ？

150

海《うみ》の近《ちか》くの
空《そら》をとぶ
白《しろ》くて「かも」の
つく鳥《とり》は？

いじわる

151

「たい・こい・
金魚《きんぎょ》」のうち
魚《さかな》のオリンピックで
いちばんになって
メダルをもらった
のはどの魚《さかな》？

152

食《た》べられないのに
「かむ」という
はなから出《で》てくる
水《みず》って
どんな水《みず》？

54～55ページのこたえ

145	頭《あたま》 …………… □	146	うぐいす …………… □
147	コアラ …………… □	148	いれば（入《い》れば） …………… □

コアラは日本《にほん》のどうぶつえんにもいるけど、もともとはオーストラリアにいるどうぶつなんだ。

153

太《ふと》っていなくても
まんぷくじゃ
なくても
おなかがふくれる
魚《さかな》ってなに？

154

家《いえ》もなくて
人《ひと》もいない
草《くさ》しかない
むらって
どんなむら？

155

たからものが
出《で》てきたのは
つぎのうちどこ？
①はたけ
②田《た》んぼ
③山《やま》

156

「行《い》きなさい」と
いわれる
水《みず》のある
ばしょって
どこ？

ダジャレ

157

「あめだま・
チョコレート・
チューインガム」
小《ちい》さなどうぶつが
かくれて鳴《な》いて
いるのはどれ？

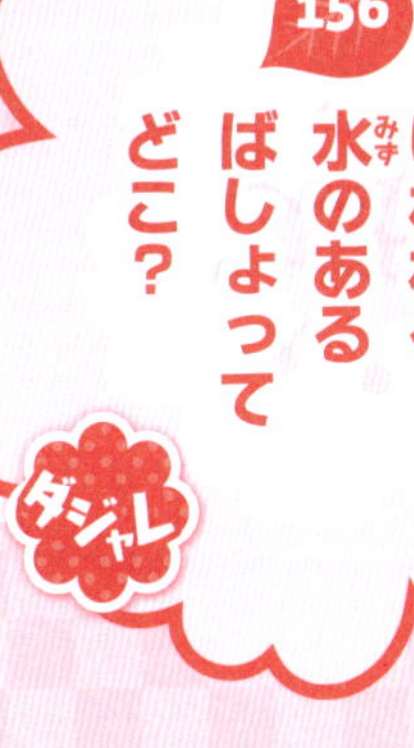

クイズ 158

くっつきクイズだよ。

いしゃ　車《くるま》

ブラシ

にはくっつくけど、

先《せん》生《せい》　船《ふね》

たわし

にはくっつかない。

これなあに？

クイズ 159

くっつきクイズだよ。

ひな　げき

ゆび

にはくっつくけど、

親《おや》　話《はなし》

手《て》

にはくっつかない。

これなあに？

56～57 ページのこたえ

149　あたたかいところ（あった貝《かい》）……□

150　かもめ …………□

151　金魚《きんぎょ》（金《きん》をもっているから）………□

152　はな水《みず》 …………□

153　ふぐ ……………………………………□

154　草《くさ》むら …………□

155　②田《た》んぼ（田《た》からもの）……………□

156　池《いけ》（行《い》け）………□

157　チューインガム（ねずみがかくれて鳴《な》いている）…………………□

クイズ 160

つぎの3つには
同《おな》じところがあるよ。
よく考《かんが》えてこたえてね。

しょうぼうじどうしゃ

とまれのしんごう

ポスト

なにが同《おな》じかな？

クイズ 161

つぎの3つには
同《おな》じところがあるよ。
よく考《かんが》えてこたえてね。

シャンプー

せんざい

サイダー

なにが同《おな》じかな？

162

家《いえ》の中《なか》から
なにかを
ぬすんでしまう
わるいぼうって
どんなぼう？

163

「あいうえお」と
「かきくけこ」の
さいごの人《ひと》って
どんな人《ひと》？

むずかしい

164

雨《あめ》が上《あ》がって
おひさまと
七色《なないろ》のきれいな
ものが出《で》たよ
今《いま》なんじ？

165

いつもは青《あお》
たまに　はい色《いろ》
夕方《ゆうがた》は赤《あか》
夜《よる》は黒《くろ》
これなあに？

58～59ページのこたえ

158　は …………………… □
159　人形《にんぎょう》 …………………… □
160　色《いろ》が赤《あか》い …………………… □
161　あわが出《で》る …………………… □

サイダーのあわの正体《しょうたい》は、たんさんガス。せんざいやシャンプーのあわは、よごれをうかすやくわりがあるぞ。

166

かおをひっくり
かえしたら
小《ちい》さな山《やま》に
なったよ
これなあに？

167

みずうみから
水《みず》をとったら
もっと
広《ひろ》くなったよ
どんなばしょに
なった？

168

むずかしい

赤《あか》の頭《あたま》に
ついている
みんなの
足《あし》の下《した》に
あるものは
なに？

169

大《おお》きな音《おと》を
させて空《そら》で
光《ひか》っている
かみって
どんなかみ？

170

いじわる

バラ10本《ぽん》
ひまわり15本《ほん》
コスモス20本《ぽん》を
あわせて
花《はな》たばにしたよ
なんたば
できたかな？

171 ダジャレ

さいを売《う》っている人《ひと》ってどんな人《ひと》?

172

みんなをかじからまもってくれるぼうしってどんなぼうし?

173

海《うみ》にプカプカうかんで貝《かい》をわって食《た》べるのがじょうずなこってどんなこ?

174

わらったときにほっぺにできる小《ちい》さなくぼみってなに?

60～61ページのこたえ

162	どろぼう …………………… □	163	男《おとこ》の人《ひと》(「お」と「こ」) …… □
164	にじ …………………… □	165	空《そら》 …………………… □
166	おか …………………… □	167	海《うみ》 …………………… □
168	土《つち》 …………………… □	169	かみなり …………………… □
170	ひとたば …………………… □		

「赤《あか》」というかんじの上《うえ》のぶぶんにある、さいしょの3画《かく》は、「土《つち》」になっているぞ。

175
ひまわりの
たねが大《だい》すきな
小《ちい》さな
スターって
どんなスター
なの？

176
いつも
「チュー」と
いっている
小《ちい》さなどうぶつ
ってなに？

むずかしい
177
ごはんを
ぜんぶ食《た》べても
「のこった」と
いわれてしまう
大《おお》きな男《おとこ》の人《ひと》
ってだれ？

178
ダジャレ
ぶたの
鳴《な》き声《こえ》がする
なにかの小《ちい》さな
いちぶぶんって
なに？

179
たけはたけでも
いろいろな
しゅるいの
やさいがある
たけってどこ？

180

みんな1つしか
もっていないのに
「5」という
顔《かお》の下《した》についていて
いるものは?

181

ふろばにいる
どうぶつって
なーんだ?

62～63ページのこたえ

171	うるさい人《ひと》（売《う》るさい人《ひと》）……□	**172**	しょうぼうし……□
173	らっこ……□	**174**	えくぼ……□
175	ハムスター……□	**176**	ねずみ……□
177	おすもうさん……□	**178**	ぶひん……□
179	はたけ……□		

らっこはおなかを上《うえ》にして海《うみ》にうかびながら、おなかの上《うえ》においた石《いし》に貝《かい》などをぶつけてわって食《た》べるんだ。

182

うでの
まんなかあたりにある
じってなに?

183

ざっそうをきれいにする
おしりって
どんなしり?

184

体《からだ》のぐあいをよくしてくれるちょっとわらっているものはなに?

185

たるをもっているおしりが光《ひか》る虫《むし》ってなに?

64～65ページのこたえ

180	あご …………………… □	181	ろば …………………… □
182	ひじ …………………… □	183	草《くさ》むしり ……………… □

手首《てくび》とかたのあいだにある、うでのまがるところがひじだぞ。あしにあるのは、「ひざ」というぞ。

おまけ めいろ

どんぐりをぜんぶひろってゴールまで行《い》こう。
はっぱの道《みち》は通《とお》れるけど、もぐらの道《みち》は通《とお》れないよ。

186

どんなに大《おお》きな
頭《あたま》もまっすぐ
ささえているのに
かんたんに
まげられるものは？

187

つかれたとき
いすに
「かける」のは
体《からだ》の
どのぶぶん？

188

学校《がっこう》の
点《てん》をとったら
あらわれた
鳥《とり》ってなに？

189

いつでも
ゆりかごの中《なか》に
入《はい》っている
花《はな》はなあに？

66ページのこたえ

184 くすり …………………… □　185 ほたる …………………… □

ほたるはおしりがきまったリズムで光《ひか》るふしぎな虫《むし》。水《みず》がきれいなところにすんでいるぞ。

190

夏《なつ》にあらわれる
かぶと
くっついた
ツノのある
虫《むし》は？

191

食《た》べものだったら
海《うみ》や川《かわ》にいる魚《さかな》
のみものだったら
のむとよっぱらう
ものって
なーんだ？

192

お話《はなし》をすると
「ホウホウ」と
うなずいて
くれる
夜《よる》に鳴《な》く鳥《とり》って
なに？

193

わるいことを
した人《ひと》を
たいほしたのは
なんじ
でしょう？

いじわる

194

顔《かお》の中《なか》を
およいでいる
たいがいるよ
どこにいるの？

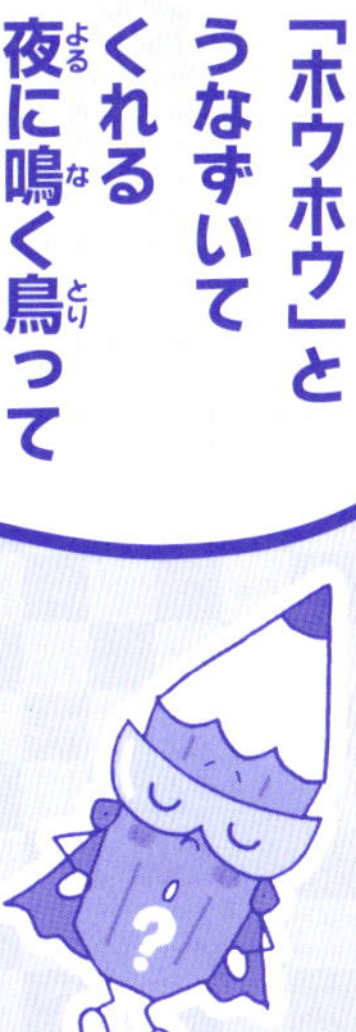

195

「10ー1」がきらいなどうぶつってなに？

ダジャレ

196

このよでいちばん大《おお》きなちゅうってどんなちゅう？

68～69ページのこたえ

186	首《くび》	□	187	こし	□
188	かっこう	□	189	ゆり	□
190	かぶと虫《むし》	□	191	さけ	□
192	ふくろう	□	193	けいじ	□
194	ひたい	□			

「がっこう」の「が」についている「点《てん》」は「だくてん」というもので、にごった音《おと》をあらわすんだ。

197

会社《かいしゃ》で　いちばん
えらいちょうって
なに？

198

けんこうで
力《ちから》があふれている「き」って
どんなき？

199

春《はる》じゃなくて
秋《あき》に見《み》る
きいろい
ちょうって
なにちょう？

200

あぶらの中《なか》に
入《はい》っている
人《ひと》やどうぶつの
ちをすう
虫《むし》ってなに？

201

1頭《とう》でも
ごがつく
まっくろな
さるのなかまって
な～に？

202

ダジャレ

いつも
いいにおいなのに
「金曜《きんよう》もくさい」と
いわれてしまう
花《はな》はなに？

70～71ページのこたえ

195	スカンク（すかん9）…… □	196	うちゅう ……………… □
197	社長《しゃちょう》 ……………… □	198	元気《げんき》 ……………… □

スカンクは、てきにおそわれると、ものすごいにおいのする水分《すいぶん》を出《だ》すことが知《し》られているんだ。

203

「あいいえお」
という
外《そと》から帰《かえ》ったら
することって
なに？

むずかしい

204

「しりとり」の中《なか》に
かくれている
どうぶつは？

205

たたけば
たたくほど
お父《とう》さんや
お母《かあ》さんに
よろこばれる
ものってなに？

206

鳥《とり》の頭《あたま》に
のっかっている
「さか」って
どんなさかか？

207

頭《あたま》にはえる
のはかみ
しめったところに
はえるのはカビ
土《つち》の上《うえ》にはえる
みどりのものは？

いじわる

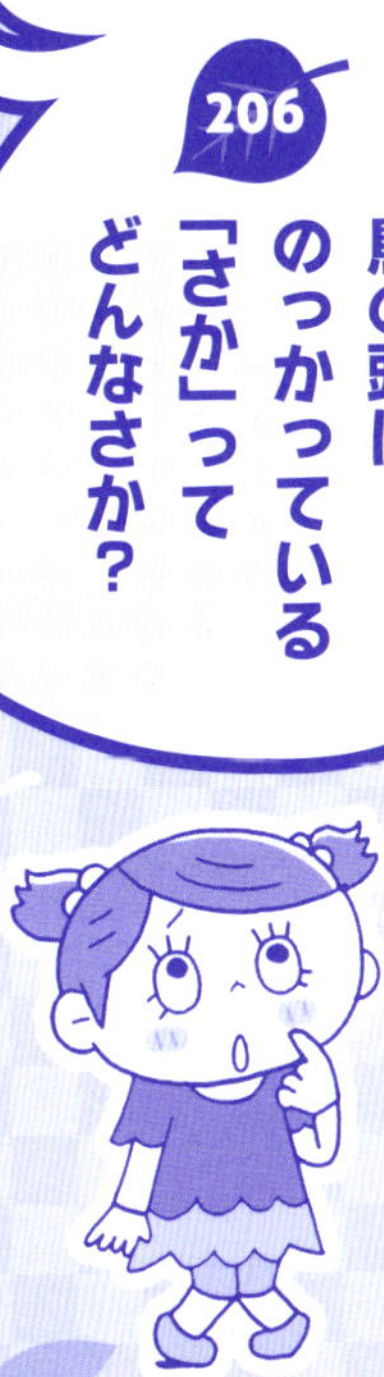

クイズ 208

つぎのなかまのうち
1つが足《た》りないよ。
「もう1つ」を
考《かんが》えてね。

しんごうきの色《いろ》は
青《あお》 赤《あか》 と
もう1つはなあに？

クイズ 209

つぎのなかまのうち
1つが足《た》りないよ。
「もう1つ」を
考《かんが》えてね。

きせつは
春《はる》 夏《なつ》 秋《あき》 と
もう1つはなあに？

72～73ページのこたえ

199 いちょう ………………… □　**200** あぶ ………………… □
201 ゴリラ ………………… □　**202** きんもくせい ………………… □
203 うがい（「う」が「い」になっている） ………………… □
204 鳥《とり》 ………………… □　**205** かた ………………… □
206 とさか ………………… □　**207** くさ ………………… □

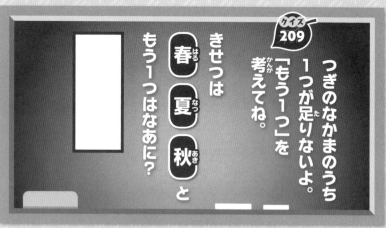

クイズ 210

これはいつすることかな？何《なん》月《がつ》何《なん》日《にち》かこたえてね。

一《いち》年《ねん》のはじまりで「あけましておめでとう」とあいさつをするのは何《なん》月《がつ》何《なん》日《にち》？

クイズ 211

これはいつすることかな？何《なん》月《がつ》何《なん》日《にち》かこたえてね。

おひなさまをかざる「ひなまつり」は何《なん》月《がつ》何《なん》日《にち》？

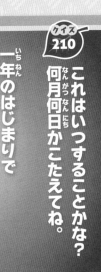

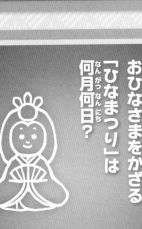

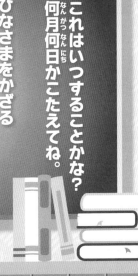

212
くしゃみや
はな水《みず》のもとになる
目《め》に見《み》えない空《そら》とぶ
「ふん」って
どんなふん？

213
池《いけ》や田《た》んぼの
中《なか》にいる　黒《くろ》くて
およぐのが
とくいな
くしってなに？

214
「い」をつけたら
おいしそうになる
どうぶつはなに？

215
丸《まる》くなくても
えんという
おとなも子《こ》どもも
あそべるところは
なにえん？

74～75ページのこたえ

208　黄色《きいろ》……………… □	209　冬《ふゆ》……………… □
210　1月《がつ》1日《ついたち》……………… □	211　3月《がつ》3日《か》……………… □

ひなまつりは、女《おんな》の子《こ》のせいちょうをいのるぎょうじで、ひな人形《にんぎょう》をかざるぞ。「もものせっく」ともいうな。

216

数《かぞ》えきれない
くらい　人《ひと》が
あつまっている
にぎやかな会《かい》って
どんな会《かい》？

217

のみものを
のんだり
声《こえ》を出《だ》したりする
口《くち》のおくにある
トンネルは？

218

おまわりさんが
いる
ばんって
どんなばん？

219

冬《ふゆ》の前《まえ》に
赤《あか》い色《いろ》にかわる
「じ」って
どんなじ？

220

いつでも
くじという
海《うみ》の中《なか》の
大《おお》きな
生《い》きものは
なに？

221

ねずみ　牛《うし》
とら…と12ひきの
どうぶつが
ならんでいるよ
さいごにいるのは
なに？

むずかしい

222
おとなになって
おさけが
のめる人《ひと》は
なにじん？
むずかしい

223
カメというのに
こうらがない
じぶんの色《いろ》を
かえられる
生《い》きものは？

224
「きょう
りゅうを見《み》た」と
いう人《ひと》がいたけど
りゅうじゃ
なかったよ
なにを見《み》たの？
ダジャレ

225
耳《みみ》の下《した》のほうで
さかさまに
ぶら下《さ》がっている
小《ちい》さなぶたって
なに？
むずかしい

76～77ページのこたえ

212	花《か》ふん …………… □	213	おたまじゃくし ………… □
214	馬《うま》（うま・い）………… □	215	公園《こうえん》 ……………… □
216	とかい …………… □	217	のど ……………… □
218	交番《こうばん》 …………… □	219	もみじ ……………… □
220	くじら …………… □	221	いのしし ……………… □

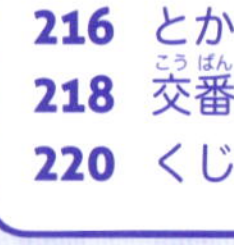

日本《にほん》のこよみには「じゅうにし」があって、ねずみから、いのししまで12しゅるいの生《い》きものがいるぞ。

ステージ 1 ごほうびクイズ

ステージ１のクイズだぞ〜。下《した》のしりとりをといて、「？？？」に入《はい》るマークをみつけるんだな。グヒヒ、わかるかな〜？

ハテナンのなぞなぞ（9 ページ）

□□□□ → 101 □□□ →

190 □□□□□ → ？？？ □□□ →

220 □□□ → 173 □□□

※こたえはひらがなで書《か》いてね。

しりとりっていっても、
さいしょのことばがわからないぞ

マス目《め》の上《うえ》に書《か》いてある数字《すうじ》が
ヒントなんじゃないかしら？

数字《すうじ》はステージ１の
なぞなぞのばんごうです！

こたえのマークは、マス目《め》の
かたちといっしょなんだな！

グヒヒ〜。
みんなせいかいできたかな〜？
こたえは「しかく」なんだな

こたえ

ハテナンのなぞなぞ（9 ページ）

あじさい → 101 いるか →

190 かぶとむし → ??? しかく →

220 くじら → 173 らっこ

マークは「四角《しかく》 ■」だね！

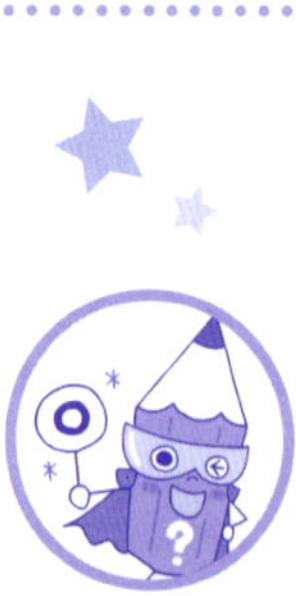

つぎのステージのマークも
さがしてみましょう！

78 ページのこたえ

222	せいじん …………… □	**223**	カメレオン …………… □
224	きょうりゅう ………… □	**225**	耳《みみ》たぶ …………… □

ステージ2

みぢかなもののなぞなぞ

きゃあ！
ふわ
ふわ
あおい！
どうした⁉
ちょっと～
そのぼうし
お気《き》に入《い》り
なんだから
かってに
さわらないでよ
ねっ！
あ…
あなた
だれ？
わたし？
わたしはせかいで
いちばんかわいい
まほうつかい
アタリーナよ♪
はいはい
アタリーナさん
あおいちゃんを
下《お》ろしてあげて
くださいね
しかたない
わねっ
えいっ
くる
きゃあああ！
たすけてっ！
くる
あれ…
おかしいな
えーと…
それっ！
わあ！
あなたも
なぞなぞを
出《だ》すの？
いたた…

なあに？
わたしが
あいてじゃ
ふまんなの!?
そんなこと
ないけど…
ふん　じゃあ
なぞなぞを
出《だ》すわよ
入《い》り口《ぐち》は１つ
出《で》口《ぐち》も１つ
女《おんな》の人《ひと》がよく
はいている
もの
なーんだ？
女《おんな》の人《ひと》が
はいている
というのが
ポイントです！
むむっ・・・
？
そんなの
かんたんよ
スカート
でしょ？
なかなか
やるわね！
でも
ほかの
なぞなぞも
とけるかしら？
おうちやみぢかに
あるものの
なぞなぞよ！
まけない
わよっ！
すごー

226

まよっても　まよわなくても
「どれ」といってしまう
おひめさまがきる
きれいなようふくは？

227

おうちの中《なか》で食《た》べものを
つめたくしてしまう
四角《しかく》いぞうって
どんなぞう？

ダジャレ

228

細《ほそ》長《なが》くてボタンがついている
テレビやエアコンを
うごかせる
わたしはだあれ？

229

ダジャレ

おうちの中《なか》で
ついついにおいを
かいでしまうものってなに？

230

四《し》角《かく》くても
えんという
工場《こうじょう》などの
外《そと》についている
ものって
なーんだ？

231

きれいなビンに
入《はい》っているお水《みず》で
うすいというけれど
ちょっとだけでも
いいかおりがする
ものはなに？

232

雨《あめ》の日《ひ》になると
長《なが》くなる
はきものは
なあに？

233

とっても小《ちい》さいけど
あながあいていて
たくさんつなげたら
おしゃれが
できるものはなに？

84〜85ページのこたえ

226 ドレス ……………………… □	227 れいぞうこ ……………………… □
228 リモコン ……………………… □	229 かぐ ……………………… □

「リモコン」は、はなれていてもそうさができる、「リモート・コントローラー」のこと。

234

きってもきっても
きずつかない
数《かず》がついた
あそべるカード
ってなに？

235

びわはびわでも
食《た》べられない
きれいで
たいせつな
びわって
なに？

むずかしい

236

おしりに
「ち」がついた
すわるところ
ってどこ？

237

あかないとびらの
すきまに入《はい》って
くるくる回《まわ》ったら
とびらがあく
ふしぎなどうぐ
ってなに？

むずかしい

238

人《ひと》がぜんぜん
いなくても
オーケーな
お店《みせ》って
どんなお店《みせ》？

ダジャレ

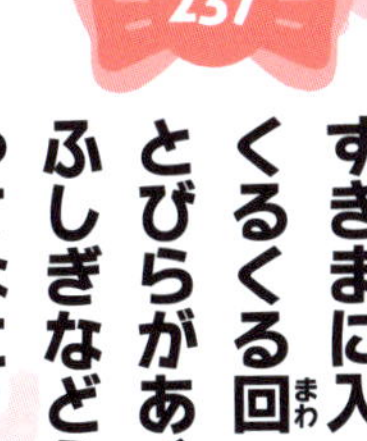

239

火《ひ》をつける
うそって
なーんだ？

むずかしい

240

女《おんな》の人《ひと》が
えい語《ご》で1つの
ピースをしている
ようふくって
なに？

241

すごろくの
中《なか》にある
2つの数《すう》字《じ》って
いくつと
いくつ？

242

かけ算《ざん》したら
36ある
とかすものって
なに？

むずかしい

86～87ページのこたえ

230	えんとつ……□	231	こうすい……□
232	長《なが》ぐつ……□	233	ビーズ……□
234	トランプ……□	235	ゆびわ……□
236	ベンチ……□	237	かぎ……□
238	カラオケ（からオーケー）……□		

カラオケは日本《にほん》ではつめいされたのよ。今《いま》ではせかいじゅうで「カラオケ」が大人気《だいにんき》ね！

243

白《しろ》くてきれいな
紙《かみ》なのに
字《じ》も絵《え》もかかずに
つかったらすぐに
ゴミばこに
すてちゃう紙《かみ》は？

244

「ソファミレド♪」
の中《なか》に
かくれている
かぐはなあに？

245

いつもそっくりに
まねするけど
左右《さゆう》がはんたいに
なるものって
なに？

246

へやを
きれいに
するのは
なんじ？

247

ばいきんが
入《はい》らないように
顔《かお》につける
白《しろ》いマスって
どんなマス？

パズル 248

絵《え》のどうぶつの名《な》前《まえ》をマスに入《い》れるとしりとりになるよ。

パズル 249

絵《え》のやさいの名《な》前《まえ》をマスに入《い》れるとしりとりになるよ。

88～89ページのこたえ

239	ろうそく	□	240	ワンピース	□
241	5と6	□	242	くし（9×4＝36）	□
243	ティッシュペーパー	□	244	ソファ	□
245	かがみ	□	246	そうじ	□
247	マスク	□			

パズル 250

つぎのことばはどのなかまに入《はい》るかな？正《ただ》しく点《てん》をつないでね。

ことば

- みかん
- キャベツ
- オレンジジュース

なかま

- のみもの
- くだもの
- やさい

パズル 251

つぎのことばはどのなかまに入《はい》るかな？正《ただ》しく点《てん》をつないでね。

ことば

- チューリップ
- かまきり
- つばめ

なかま

- こん虫《ちゅう》
- 花《はな》
- 鳥《とり》

252

へっていなくても
へるという
かぶると
頭《あたま》をまもれる
ものはなに？

ダジャレ

253

おうちに
入《はい》ったら
さいしょに見《み》る
かんって
なに？

254

おふろばにある
けんって
なにけん？

255

きものは
きものでも
足《あし》につける
きものって
なに？

90～91ページのこたえ

248 たぬき　きつね　ねずみ ……………………… □

249 なす　すいか　かぼちゃ ……………………… □

250
みかん　　　　　　　　　のみもの
キャベツ　　　　　　　　くだもの
オレンジジュース　　　　やさい
……………………… □

251
チューリップ　　こん虫《ちゅう》
かまきり　　　　花《はな》
つばめ　　　　　鳥《とり》
……………………… □

256

むずかしい

きられる
ゆかって
どんなゆか？

257

はしっこに
5つあるという
かけて
のぼるもの
な～んだ？

258

ねるときに
「うふ」と
わらっている
やわらかくて
かけると
あたたかいものは
なに？

259

2つないと
つかえないけど
ずっとくっついて
いてもつかえない
外《そと》に行《い》くときに
つかうもの
なーんだ？

260

ゆびわを
いやがる人《ひと》が
すきな
アクセサリーは？

261

夜《よる》のそうこに
あるという
きずをなおす
ものってなに？

ダジャレ

262

うごかないし
なにも
話《はな》さないけど
「どうぞ」と
いわれるものは
なに？

263

夜《よる》なんだなと
知《し》らせてくれる
かぶったり
首《くび》にまいたりする
四角《しかく》いぬのって
なに？

むずかしい

264

カマキリの
おなかにある
よくもえる
ものってなに？

92～93ページのこたえ

252	ヘルメット	□	253	げんかん	□
254	せっけん	□	255	はきもの	□
256	ゆかた	□	257	はしご	□
258	もうふ	□	259	くつ	□
260	イヤリング	□			

ヘルメットには子《こ》ども用《よう》のものもあるわ。じてん車《しゃ》にのるときなどにかぶればあんぜんよ。

265

かけるというけど
けせなくて
みんながまいにち
夜《よる》にかける
大《おお》きなものって
なに？

266

ぬのをつかわずに
糸《いと》だけで作《つく》れる
ようふくや
ぼうしって
どんなもの？

267

夏《なつ》のあつい日《ひ》に
外《そと》でつかっても
「うち」という
すずしく
してくれる
ものはなに？

268

夏《なつ》はつめたくて
冬《ふゆ》はあたたかい
へやの中《なか》なのに
風《かぜ》をふかせる
はたらきものは
なに？

269

たっというけれど
すわったり
ねそべったりして
さむい日《ひ》につかう
4本《ほん》足《あし》のものは
なに？

270

ダジャレ

すっごい
ネクタイって
どんなネクタイ？

271

だまっているのに
おしゃべりだと
いわれる
土《つち》をほる
どうぐはなに？

94～95ページのこたえ

261	ばんそうこう	□	262	どうぞう	□
263	バンダナ	□	264	まき	□
265	ふとん	□	266	あみもの	□
267	うちわ	□	268	エアコン	□
269	こたつ	□			

夜《よる》のあいさつで「こんばんは」というように、「ばん」には「夜《よる》」っていういみがあるの。

272

家《いえ》の中《なか》でいちばん
キチンとしているのは
どこのおへやかな？

ダジャレ

273

きれいな音《おん》楽《がく》のながれる
ゴールって
どんなゴール？

274

きるときにいつも
「うわ!」と
おどろくのは
上《うえ》にきるふく?
下《した》にはくふく?

275

点《てん》をつけたら
いっしょにおどれる
かぐってなあに?

96～97ページのこたえ

270	ちょうネクタイ …………□	271	シャベル …………□
272	キッチン …………□	273	オルゴール …………□

「キッチン（kitchen）」はえい語《こ》よ。日本語《にほんこ》では「だいどころ」ともいうわね。

おまけ えしりとり

スタートからゴールまで、絵《え》を見《み》ながらしりとりをしよう。

276

こおりの
中《なか》にある
わるいことを
したら
入《はい》るところは
どこ？

277

たこやきの中《なか》に
入《はい》っている
たてものって
なに？

278

ダジャレ

1つでも
8こあると
いわれる
いれものって
なに？

279

コップは
コップでも
土《つち》をほる
コップって
なに？

98ページのこたえ

274 上《うえ》にきるふく（うわぎ）……□　275 たんす（ダンス）………□

たんすは、日本人《にっぽんじん》がむかしからつかっていたかぐのひとつ。「1さお、2さお」って数《かぞ》えるんですって。

280

入《はい》るところは
1つだけど
出口《でぐち》は2つある
パンって
どんなパン？

281

きているだけで
人《ひと》からかくにん
されちゃう
ようふくのがら
ってどんながら？

282

うすはうすでも
女《おんな》の人《ひと》がきている
うすってなあに？

283

どんな
ようふくも
きこなせる
細《ほそ》くて三角形《さんかっけい》の
わたしは
だあれ？

284

ダジャレ

いすのやわらかい
ところで
くしゃみをしたら
なんていう？

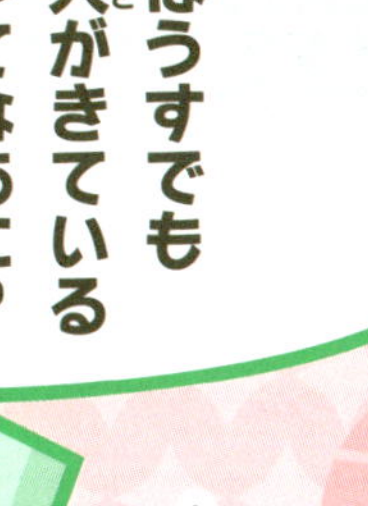

クイズ 285

つぎのことばの中《なか》に
かくれているものを
みつけてね。

けいたい電《でん》話《わ》

しいたけ

へいたい

かくれているものは？

クイズ 286

つぎのことばの中《なか》に
かくれているものを
みつけてね。

ペンダント

ワッペン

ペンキ

かくれているものは？

100～101 ページのこたえ

276	おり …………… □	277	こや …………… □
278	はこ …………… □	279	スコップ …………… □
280	パンツ …………… □	281	チェック …………… □
282	ブラウス …………… □	283	ハンガー …………… □
284	クッション …………… □		

クイズ
287

ものにはきまった「数《かぞ》え方《かた》」があるよ。つぎのものの数《かぞ》え方《かた》はなにかな？

日記《にっき》

本《ほん》

ノート

クイズ
288

ものにはきまった「数《かぞ》え方《かた》」があるよ。つぎのものの数《かぞ》え方《かた》はなにかな？

道《みち》

えんぴつ

木《き》

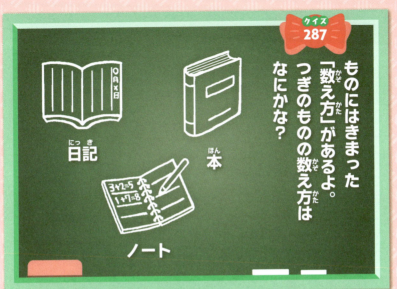

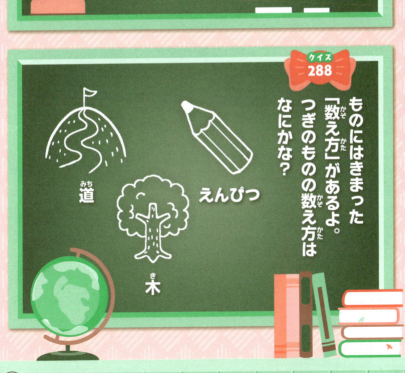

289

きれいに
すればするほど
よごれて
ぼろぼろに
なるものはなに？

290

あなが
2つあいている
なにかをさすと
電気《でんき》を
とりだせる
ものはなに？

291

「くえ」と
いわれても
食《た》べられない
4本足《ほんあし》のもの
ってなに？

292

足《あし》は4本《ほん》あるけれど
歩《ある》けなくて
いつもみんなの
おしりにしかれて
しまうものって
なーんだ？

102～103ページのこたえ

285	いた …………………… □	286	ペン …………………… □
287	さつ …………………… □	288	本《ほん》 …………………… □

本《ほん》やノートなど紙《かみ》をたばねたものは「さつ」で数《かぞ》えるわ。
まんがなど、なんさつかつづく話《はなし》は「かん」でも数《かぞ》えるの。

293

「はなのはがた」
って
なにになる？

294

はりが2本《ほん》
ついていて
いつもうごいて
時間《じかん》を教《おし》えて
くれるものは
なに？

295

かけたら切《き》って
出《で》ても
出《で》ないという
これなーんだ？

ダジャレ

296

あつくて
おもくて
ようふくの
シワをけして
くれるものは
なあに？

297

ドアを
あけたときと
しめたとき
しっぱい
しちゃうのは
どっち？

むずかしい

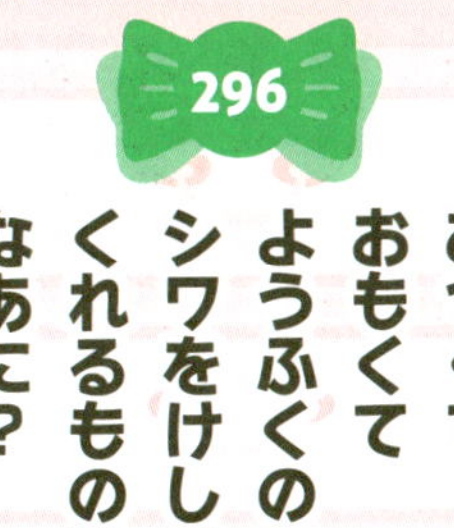

298

これなーんだ？

299

入《はい》る前《まえ》は
よごれていても
あがると
きれいになれる
ばしょってどこ？

104～105ページのこたえ

289	ぞうきん	□	290	コンセント	□
291	つくえ	□	292	いす	□
293	たな（「は」を「た」にかえる）	□	294	時計《とけい》	□
295	電話《でんわ》（出《で》んわ）	□	296	アイロン	□
297	しめたとき（「しまった」だから）	□			

電話《でんわ》でさいしょにいう「もしもし」は、「もうします（＝話《はな》します）」ということばから生《う》まれたそうよ。

300

回《まわ》れば回《まわ》るほど
フラフラしないで
きちんと立《た》っているもの
なあに？

むずかしい

301

まいにち
夜《よる》につかっているのに
ジャマっていわれちゃう
ものはなに？

302

毎日《まいにち》かくにん
するくらい
たいせつなのに
30日《にち》くらいで
やぶられちゃう
ものはなに？

303

「えびのえがお」
って
なーんだ？

304

くつの
中《なか》にいるのに
下《した》って
いわれるものは
なに？

305

ダジャレ

3足《そく》あると
つかれる
はきものって
なに？

106～107ページのこたえ

298	うえきばち …………… □	299	ふろ …………………… □
300	こま ………………………… □	301	パジャマ ……………… □

日本《にほん》には、ひもをまきつけた木《き》のこまがあるけど、せかいには、石《いし》や土《つち》、どんぐりでできたこまもあるのよ。

306

ふくろうが
もっている
入《い》れものって
なに？

307

せきというけれど
すわれない
キラキラした
石《いし》のことを
なんていう？

308

じゃんけんで
かてないけど
まけないこって
どんなこ？

309

朝《あさ》になると
光《ひかり》が入《はい》って
あけると風《かぜ》が
ふきこんでくる
しかくいものは
なあに？

310

はさみは
はさみでも
切《き》るためには
つかわない
ぬのにつかう
はさみってなに？

311

「だし」というけど
りょうりには
つかわなくて
いろいろなものが
入《い》れられる
四《し》角《かく》いものは？

312

上《うえ》にのったら
正《ただ》しいおもさを
教《おし》えてくれる
いつもまん中《なか》が
「じゅう」に
なっている
ものってなに？

313

むずかしい

立《た》つことは
あっても
歩《ある》くことはない
首《くび》のまわりを
かこんでいる
ものはなに？

314

あけると
明《あか》るくなって
とじるとくらくなる
家《いえ》の内《うち》がわにしか
ついていない
わたしはだあれ？

108～109ページのこたえ

- 302 カレンダー ……… □
- 304 くつ下《した》 ……… □
- 306 ふくろ ……… □
- 308 あいこ ……… □
- 310 せんたくばさみ … □
- 303 おび（「え」を「お」にかえる）… □
- 305 サンダル（3だる）……… □
- 307 ほうせき ……… □
- 309 まど ……… □

おびは、きものをきるときに、こしにむすぶもの。体《からだ》にきものをあわせて、じょうずにむすべばずれないのよ。

315

体《からだ》のいちぶが
切《き》られちゃうのに
みんなへいきで
つかっている
はさみじゃない
ものはなに？

316

1つでも
3つあるという
メガネって
なーんだ？

317

頭《あたま》が
赤《あか》くなっていて
こすると火《ひ》がつく
小《ちい》さなぼうって
なーんだ？

318

1つでも
まんという
文字《もじ》や絵《え》が
かいてある
おもしろい本《ほん》って
なに？

319

ダジャレ

家《いえ》をまもって
くれているのに
女《おんな》の人《ひと》から
いやといわれる
ものってなに？

320

紙《かみ》でできている
ビンて
どんなビン？

321

どんなに
りっぱでも
人《ひと》にふまれて
しまうものは？

いじわる

110〜111ページのこたえ

311	引《ひ》き出《だ》し ……… □	312	たいじゅうけい ……… □
313	えり ……… □	314	カーテン ……… □
315	つめきり ……… □	316	サングラス（3グラス）…… □
317	マッチぼう ……… □	318	まんが ……… □
319	やね（「やーねー」）…… □		

「サングラス」の「サン」はたいようのこと。たいようの光《ひかり》でまぶしく見《み》えないように、色《いろ》がついているの。

322

頭《あたま》にカメがついている
しゃしんを
とれるものはなに？

323

夏《なつ》にくるくる回《まわ》っている
空《くう》気《き》をすずしくする
ものってなに？

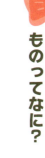

324

いじわる

さしてもさしても
ささらなくて
さしたらなにかから
みんなをまもって
くれるのは？

325

丸《まる》い顔《かお》を
あなから出《だ》して
かけたりはずしたり
やくにたつものは
なあに？

112～113ページのこたえ

320 ゆうびん …………………… □
321 スリッパ …………………… □
322 カメラ …………………… □
323 せんぷうき …………………… □

デジタルカメラがとうじょうするまで、しゃしんはフィルムでとって、紙《かみ》にプリントしていたのよ。

おまけ

みつけよう

8まいの絵《え》の中《なか》に同《おな》じ絵《え》が2まいあるよ。どれかわかるかな？

326

出《だ》したら
どこかへ行《い》って
しまうけれど
どこへ行《い》ったか
わかる紙《かみ》って
なに？

327

元《げん》気《き》よく
人《ひと》をよんでいる
かべって
なに？

むずかしい

328

きられないけど
はくことはできる
はいたら
おへやがすっきり
するものはなに？

329

きかいなのに
水《みず》を入《い》れても
だいじょうぶで
ようふくを
きれいにして
くれるのはなに？

114ページのこたえ

324 かさ …………□　325 ボタン …………□

かさは雨《あめ》の日《ひ》にやくにたつけれど、夏《なつ》の晴《は》れた日《ひ》にも、日《ひ》やけしないために「日《ひ》がさ」がつかわれるのよ。

330

9つ
出《で》ないという
光《ひか》るものって
なに？

ダジャレ

331

こりはこりでも
目《め》に見《み》える
おそうじしたく
なるこりって
なに？

332

よごれたところを
きれいにする
じきって
どんなじき？

333

こしにつける
音《おと》のしない
細《ほそ》長《なが》いベルって
なに？

334

四《し》角《かく》い形《かたち》を
していて
中《なか》にものを入《い》れて
はこべる
茶《ちゃ》色《いろ》いボールは
なあに？

335

とりあってあそぶ
絵《え》やことばが
かいてあるけど
トランプじゃない
カードってなに？

336

ダジャレ

頭《あたま》をきれいにして
くれるのに
おしりにプーって
つくのはなに？

337

出《だ》したら
しまえない
出《だ》されたら
頭《あたま》がよくなる
ものはなに？

338

家《いえ》の中《なか》で
みんなに
ふまれている
大《おお》きなペットって
どんなペット？

いじわる

116～117ページのこたえ

326 手紙《てがみ》 …………… □
328 ほうき …………… □
330 でんきゅう（出《で》ん9） …… □
332 そうじき …………… □
334 ダンボール …………… □
327 へい …………… □
329 せんたくき …………… □
331 ほこり …………… □
333 ベルト …………… □

「へい」はたてもののまわりにある、木《き》の板《いた》やコンクリートで作《つく》られたかこいのことよ。

339

顔《かお》にかけたら
ものがよく見《み》える
2つのまどが
ついている
ものってなに？

340

クリというけど
食《た》べものじゃなくて
ようふくを
きれいにして
くれるところって
なに？

341

食《た》べられないけど
口《くち》の中《なか》に
入《い》れられて
出《で》てきたら
すっきりするもの
な〜んだ？

342

はさみをもって
ぎんこうに
行《い》ったら
なにをする？

ダジャレ

343

人《ひと》からもらった
手《て》紙《がみ》なのに
読《よ》む前《まえ》に
やぶられたり
切《き》られたりしちゃう
ものはなに？

むずかしい

クイズ 344

3つのヒントからこたえをあててね。

はさみをもっているよ

貝《かい》がらがおうち

すなはまにいるよ

これはなにかな？

クイズ 345

3つのヒントからこたえをあててね。

首《くび》がのびるよ

こわ～いようかい！

女《おんな》の人《ひと》だよ

これはなにかな？

118～119ページのこたえ

335 かるた …………… □
336 シャンプー …………… □
337 なぞなぞ …………… □
338 カーペット …………… □
339 めがね …………… □
340 クリーニング …………… □
341 ハブラシ …………… □
342 ちょきん …………… □
343 ふうとう …………… □

クイズ
346

あんごうのかいどくに
ちょうせん！
なんといっているか
わかるかな？
ヒントは「とるこ」だよ。

こきょうこはこ
ことっこてこも
いこいこてんきこ！

※「とる・こ」だから「こ」をとると…？

クイズ
347

あんごうのかいどくに
ちょうせん！
なんといっているか
わかるかな？
ヒントは「ななし」だよ。

あなそなばなずにな
まっなすぐいなえに
なかえなろうな

348

家《いえ》の
外《そと》がわにあって
おひさまが
よくてらしている
きもちのいい
ばしょってどこ？

349

入《はい》るとはさみで
体《からだ》のいちぶが
切《き》られちゃうのに
みんなへいきで
行《い》くところって
どこ？

ダジャレ

350

木《き》から
おちてこないし
お店《みせ》でも
売《う》っていない
自分《じぶん》で作《つく》る
くりって
どんなくり？

351

きんぞくで
できている
細長《ほそなが》いくさって
なに？

120～121ページのこたえ

344 やどかり …………□
345 ろくろ首《くび》 …………□
346 きょうはとってもいい天気《てんき》！ …………□
347 あそばずにまっすぐ家《いえ》に帰《かえ》ろう …………□

やどかりは、えびやかにのなかまよ。体《からだ》の大《おお》きさに合《あ》わせて、貝《かい》がらをかえておひっこしするの。

352

むずかしい

「しき」は
「しき」でも
四角《しかく》くて
なにかをつつむ
「しき」って
どんなしき？

353

「ける」と
いうけれど
足《あし》じゃなくて
手《て》をつかって
きれいにする
「ける」ってなに？

354

テレビなどの
でんぱを
だしている
細長《ほそなが》くて
食《た》べられない
あんってなあに？

355

「いとこの
こけし」は
なにになる？

356

何《なに》色《いろ》のものを
入《い》れても
「くろ」という
ようふくをしまう
ばしょってどこ？

357

おすと
ラップを
合《あ》わせたら
なにになる？

ダジャレ

358

「おもちゃ」さん
のおしりが
小《ちい》さくなったよ
なにになった？

359

たてものの中《なか》で
こわい話《はなし》をする
ばしょはどこ？

360

「か」が5ひき
あつまったら
入《い》れものに
なったよ
なにかな？

122～123ページのこたえ

348	テラス……□	349	びよういん（りよういん）……□
350	手《て》作《づく》り……□	351	くさり……□
352	ふろしき……□	353	かたづける……□
354	アンテナ……□	355	糸《いと》（「いとこ」の「こ」をけす）……□
356	クローゼット……□		

ふろしきは日本《にほん》で古《ふる》くからつかわれるぬののこと。ものをつつんだり、バッグのようにつかうこともできるわ。

361

「ガスコンロ・
ガスボンベ・
ガスばくはつ」
この中《なか》で
きつねがかくれて
鳴《な》いているのは
どれ？

362

むずかしい

ふんでも
小《ちい》さくならなくて
ふんだら
高《たか》くなって
べんりなものって
な〜に？

363

赤《あか》だとあつくて
青《あお》だとつめたい
頭《あたま》をひねると
とうめいな
なにかを出《だ》す
ものはなに？

364

カラスの頭《あたま》に
点《てん》をつけたら
なにになる？

365

さむくなくても
天気《てんき》が
わるい日《ひ》に
外《そと》にきて出《で》かける
コートは
どんなコート？

366

はがたくさん
ついていても
かめないけれど
かたいものを
切《き》れるのはなに？

367

体《からだ》がまっ赤《か》な
手《て》紙《がみ》を食《た》べちゃう
ものなあに？

124～125ページのこたえ

357	ストラップ	□	358	おもちゃ	□
359	かいだん	□	360	かご（か５）	□
361	ガスコンロ	□	362	ふみだい	□
363	じゃぐち	□	364	ガラス	□
365	レインコート	□			

おなじ「かいだん」という読《よ》みだけど、たてものに中《なか》にあるのは「階段《かいだん》」、こわい話《はなし》は「怪談《かいだん》」と書《か》くのよ。

368

夜《よる》になると
みんなに頭《あたま》をのせられて
朝《あさ》までじっとがまんしている
ものはなあに？

369

入《い》り口《ぐち》は1つ
出《で》口《ぐち》のないトンネルが5つ
さむいときにつかうものは
なに？

370

はりも数字《すうじ》もないのにきちんと時間《じかん》を教《おし》えてくれる時計《とけい》は？

むずかしい

371

頭《あたま》にかぶれる「うし」ってどんなうし？

126～127ページのこたえ

366	のこぎり	□	367	ポスト	□
368	まくら	□	369	手《て》ぶくろ	□

ポストに入《い》れた手紙《てがみ》をゆうびんきょくの人《ひと》があつめ、ゆうびんきょくにはこび、みんなの家《いえ》にはいたつするの。

おまけめいろ

青《あお》いドアだけ通《とお》って、へやをいどうしながらゴールまで行《い》こう。白《しろ》いドアは通《とお》れないよ。

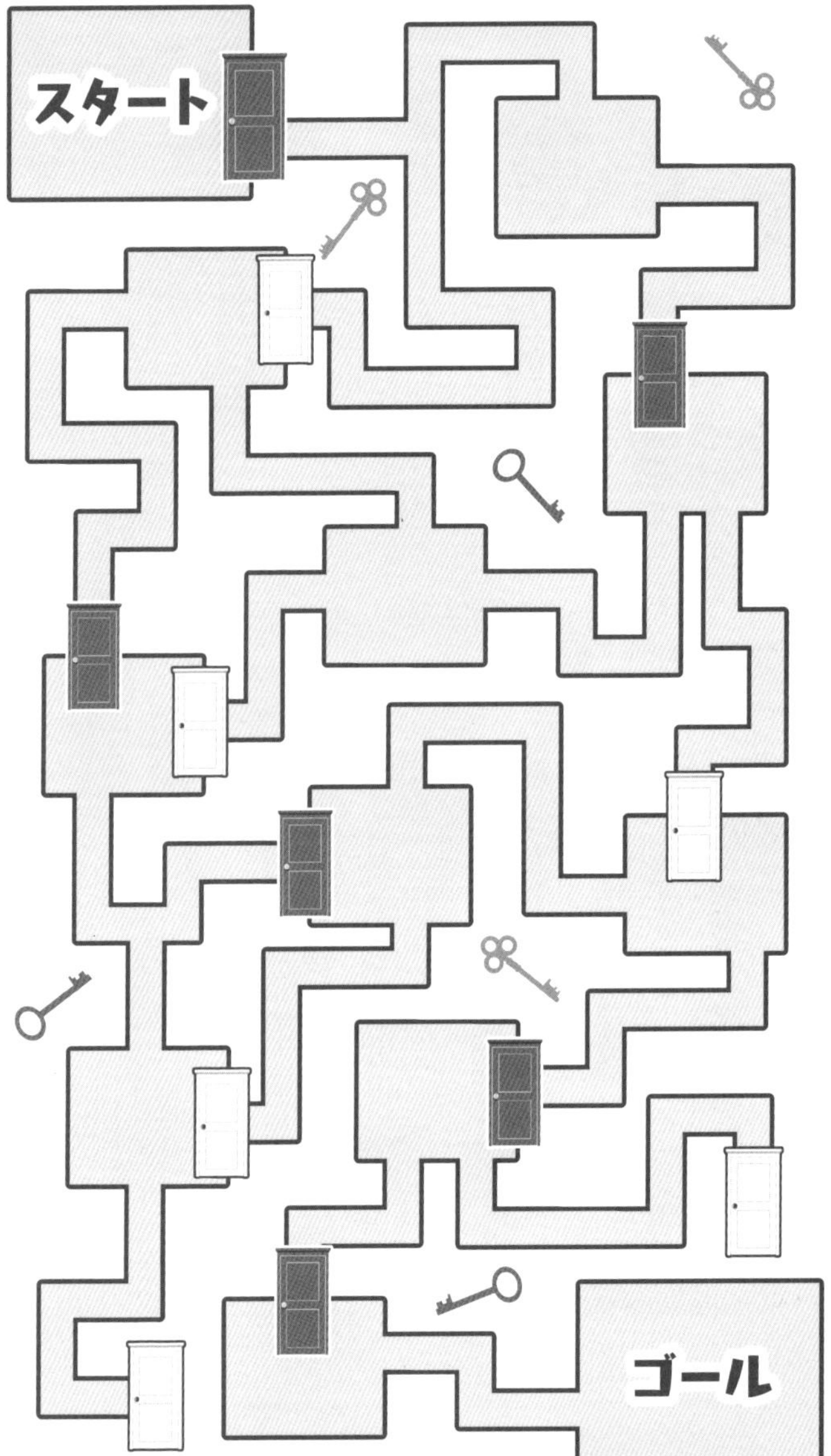

372
「りんりんりん車《しゃ》」
これはどんな
のりもの？

373
むずかしい
2つめの文字《もじ》を
とって　おしりに
「ま」をつけたら
「しぼんだまま」に
なる　ふくらます
ものはなに？

374
ガラスや
プラスチックで
できていても
「き」という
食《た》べものを
入《い》れるものは？

375
車《くるま》が通《とお》る道《みち》は
どうろ
電車《でんしゃ》が通《とお》る道《みち》は
せんろ
では水《みず》を
通《とお》す道《みち》は？

128ページのこたえ

370　すな時計《どけい》……………………□　371　ぼうし……………………□

すな時計《どけい》では今《いま》が何時《なんじ》かはわからないけれど、どのくらいの時間《じかん》がたったかをはかれるのよ。

376

おふろにある
おゆを入《い》れる
丸《まる》い「き」って
どんなき？

377

モデルなのに
とても小《ちい》さくて
生《い》きていなくて
ほんものじゃない
ものは
なにモデル？

むずかしい

378

とびらが
ついているのに
人《ひと》が出《で》たり
入《はい》ったりできない
ものを出《だ》し入《い》れ
するものは？

379

おふろ上《あ》がりに
つかう
のっても
すすまない
バスってなに？

380

ドアを
しめたとたんに
聞《き》こえる
タンって
なにタン？

381

おじいちゃんが
パンを食《た》べていた
ときにはいていた
ズボンって
どんなズボン？

ダジャレ

382

ていでんしたとき
ライトで
てらしても
みられない
ものは？

むずかしい

130 ～ 131 ページのこたえ

372	さんりん車《しゃ》 …………□	373	しゃぼん玉《だま》 …………□
374	しょっき …………□	375	水道《すいどう》 …………□
376	せんめんき …………□	377	プラモデル …………□
378	とだな …………□	379	バスタオル …………□
380	バタン（ドアをしめる音《おと》だよ） …………□		

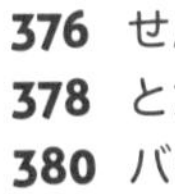

「バスタオル」の「バス（bath）」はえい語《ご》でおふろのこと。
体《からだ》をふくためにつかうから、とても大《おお》きいのよ。

383

中《なか》にわたが入《はい》っていて
体《からだ》の大《おお》きな人《ひと》の
おしりにしかれても
へいきなわたしは何《なん》トン？

むずかしい

384

ぬれたものをかわかすのに
かつやくする
いやじゃないのに
「いや」というものなあに？

むずかしい

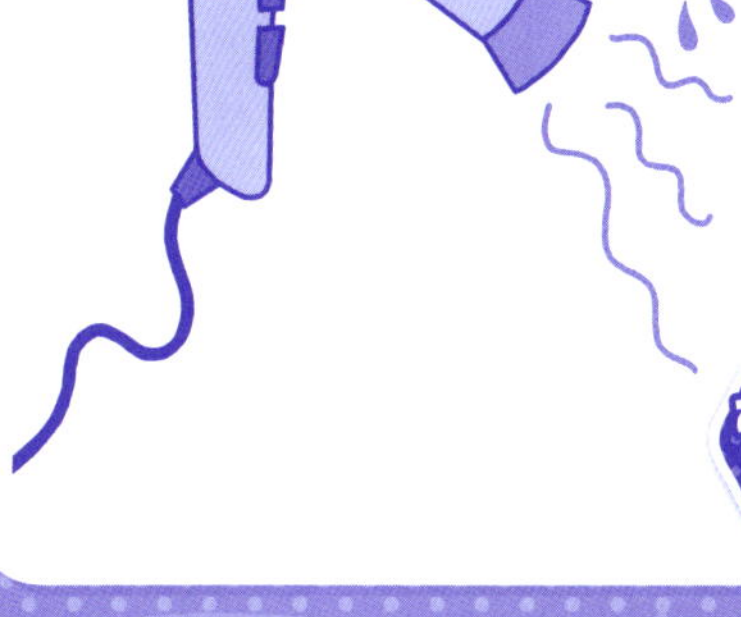

385

やせっぽちで
足《あし》はとがっていて
頭《あたま》には
あながあいていて
ぬのの上《うえ》を行《い》ったり
来《き》たりするものは？

むずかしい

386

日本《にほん》の
おうちにある
「たためのめがみ」
ってなに？

387

どんな
さみしがりやも
かならず
ひとりで行《い》く
小《ちい》さなへやって
どこ？

388

こしはこしでも
住《す》んでいる
ところが
かわるこしって
なあに？

132～133ページのこたえ

381	ジーパン …………………… □	382	テレビ …………………… □
383	ざぶとん …………………… □	384	ドライヤー …………………… □

ジーパンはジーンズともよばれるわ。デニムというあつい おりもので作《つく》られているのよ。

389

ダジャレ

「す」が1つの入《い》れたり切《き》ったりおしたりしてうごかすものはなに？

390

すごろくをしているときにあらわれるりょうりにはつかわないだしってどんなだし？

391

いろいろな色《いろ》があって字《じ》や絵《え》がかけてペンというけど先《さき》がとがっていないものはなに？

392

いじわる

かべがないとかつやくできないしゃべらないうごかないスターってどんなスター？

393

「まんがのまがれ」ってなに？

394

ふんでも
おもいものを
のせてもこわれない
家《いえ》の中《なか》の
じょうぶなところ
ってなに？

むずかしい

395

元気《げんき》なときは
行《い》かないのに
元気《げんき》じゃない
ときだけ
出《で》かけていく
ばしょはどこ？

396

1〜6の
数字《すうじ》があって
6が
いちばんすごい
紙《かみ》の上《うえ》であそぶ
ゲームはなに？

ダジャレ

397

ようふくに
あいていたあなに
ものを入《い》れたけど
下《した》から
出《で》てこないよ
これなあに？

134〜135ページのこたえ

385	はり（ぬいばり）	□
387	トイレ	□
389	スイッチ（す・1）	□
391	ペンキ	□
393	れんが	□
386	たたみ	□
388	引《ひ》っこし	□
390	ふりだし	□
392	ポスター	□

たたみは、日本《にほん》ではむかしから、ゆかにしくためにつかわれているわ。「いぐさ」という草《くさ》などでできているの。

398

マッチぼう
みたいな形《かたち》だけど
大《おお》きくて
火《ひ》じゃなくて
大《おお》きな音《おと》を出《だ》す
ためのどうぐは？

399

きょくは
きょくでも
音楽《おんがく》ではなくて
手紙《てがみ》やにもつを
とどけてくれるのは
なにきょく？

400

たてものにある
ふたつのぐちって
どんなぐち？

401 いじわる

てっぽうで
うたれたけれど
ちっともケガを
しなかったよ
どうしてかな？

402

トランプの
中《なか》にある
光《ひか》るものって
なに？

パズル 403

かん字《じ》を足《た》し算《ざん》すると
ほかのかん字《じ》が
できるよ。

三 人 日

足《た》すとなにになる？

パズル 404

かん字《じ》を足《た》し算《ざん》すると
ほかのかん字《じ》が
できるよ。

田 丁

足《た》すとなにになる？

136 ～ 137 ページのこたえ

394 ゆか ……………………… □
396 すごろく（すごい 6）…… □
398 マイク …………………… □
400 入《い》り口《ぐち》と出《で》口《ぐち》 …………… □
402 ランプ …………………… □
395 びょういん ………………… □
397 ポケット …………………… □
399 ゆうびんきょく …………… □
401 水《みず》でっぽうだったから … □

パズル 405

①から③を読《よ》んでクロスワードをといてね。

① 山《やま》や海《うみ》のそこをくりぬいた中《なか》に入《はい》るとくらい道《みち》

② サッカーのゴールのようなあみ目《め》になっているもの

③ 光《ひかり》や明《あ》かりのことをえい語《ご》でいうと？

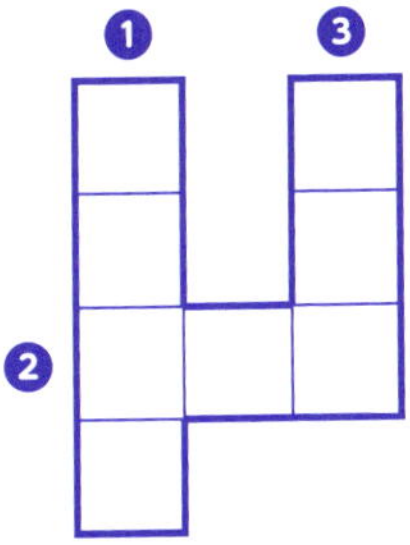

※マスに入《い》れることばは、ひらがなで書《か》いてね。

パズル 406

①から③を読《よ》んでクロスワードをといてね。

① ゆうれいなどのこわ～いすがたをしたもの

② ひつじなどの毛《け》で作《つく》った糸《いと》。あみものにつかうよ

③ しんせきのおじさんやおばさんの子《こ》どもをなんという？

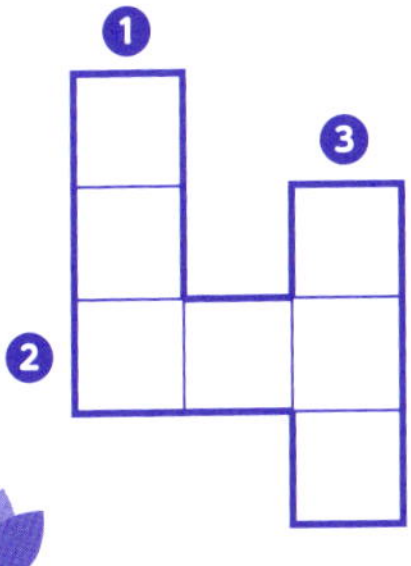

※マスに入《い》れることばは、ひらがなで書《か》いてね。

407

毛《け》糸《いと》じゃないけど
あんである
冬《ふゆ》じゃなくて
夏《なつ》によくかぶる
ぼうしってなに？

408

長《なが》い足《あし》が
4本《ほん》あるけれど
歩《ある》けなくて
上《うえ》にごはんが
おかれちゃうもの
なーんだ？

409

入《い》り口《ぐち》が1つで
出《で》口《ぐち》のない
トンネル2つ
「キング」というけど
女《おんな》の人《ひと》がよくつかう
ものはなに？

410

ぶたが
かったときに
つかった
どうぐって
なに？

むずかしい

138〜139ページのこたえ

403 春《はる》……………□

404 町《まち》……………□

405

	❶		❸
	と		ら
	ん		い
❷	ね	っ	と
	る		

……………□

406

	❶		❸
	お		
	ば		い
❷	け	い	と
			こ

……………□

411

目《め》で見《み》なくても
耳《みみ》で時間《じかん》を
教《おし》えてくれる
ちょっと
びっくりしちゃう
時計《とけい》は？

412

自分《じぶん》のものでも
「くれ」と
いってしまう
アクセサリー
ってなに？

413

すきな歌《うた》を
きかせて
くれるのに
「イヤ」と
いってしまう
どうぐってなに？

414

火《ひ》を
けしてくれる
食《た》べられない
かきって
どんなかき？

415

「テレビ・
パソコン・
スマートフォン」
この中《なか》で　そこが
しっかりついて
いるのはどれ？

416

「リン♪」と
きれいな
音色《ねいろ》がする
夏《なつ》によく
きこえてくる
ものはなに？

417
「イヤフォン・マイク・スピーカー」この中《なか》でカラスの鳴《な》き声《ごえ》がしているのはどれ？

418
いつもさいしょに「ハイ」というおしゃれなくつってなあに？

419
きょうつけても「あす」といわれるおしゃれなアクセサリーってなあに？

420
くびわでもネックレスでもないのに首《くび》につけるさむい日《ひ》につかうものってなに？

140～141ページのこたえ

407	むぎわらぼうし	□	408	テーブル	□
409	ストッキング	□	410	とんかち	□
411	めざまし時計《どけい》	□	412	ネックレス	□
413	イヤフォン	□	414	しょうかき	□
415	パソコン	□	416	ふうりん	□

ぶたのことを「とん」ともいうのよ。「とんかつ」の「とん」ね。「とん」がかったから「とんかち」よ！

ステージ2

ごほうびクイズ

下《した》のひょうに文字《もじ》が書《か》かれているわ。リストにあるばんごうのなぞなぞのこたえをぬりつぶすと、3つの文字《もじ》がうかんでくるの。あなたにはわかるかしら？

す	れ	い	と	た
か	ー	ぞ	う	ん
う	と	せ	こ	す
え	は	ん	た	く
き	ば	ち	ー	き

リスト

アタリーナのなぞなぞ
（83ページ）

227
275
298
329

※こたえはすべてひらがなになっているよ。

文字《もじ》ばっかりでむずかしそう…

文字《もじ》は「左《ひだり》から右《みぎ》」「上《うえ》から下《した》」に読《よ》めます！

わかるものから、ひとつずつぬってみて！

ぜんぶぬりつぶせたかしら？
のこった文字《もじ》は「はーと」♥
なぞなぞがとければ、かんたんね！

こたえ

アタリーナのなぞなぞ↓
227→
275↓
298↓
329↓

す	れ	い	と	た
か	ー	ぞ	う	ん
う	と	せ	こ	す
え	は	ん	た	く
き	ば	ち	ー	き

マークは「ハート　♥」ね！

さあ、どんどんといて、
もっとマークをあつめましょう！

142 ページのこたえ

417 スピーカー …………………… □
418 ハイヒール …………………… □
419 ピアス …………………… □
420 マフラー …………………… □

ステージ3

食《た》べもののなぞなぞ

むしゃ むしゃ
おまえたち なぞなぞで しょうぶをしに 来《き》たのか?
おう! なんでも といて やるさ!
むしゃ むしゃ
ふん おれが出《だ》す 食《た》べもののなぞなぞは むずかしいぞ なんせ せかい中《じゅう》の 食《た》べものを 食《た》べてきたからなぁ
ま… まける もんか!
じゃあ これはどうだ?
たくさんあっても 9人分《にんぶん》しか ないという しょくじは?
うっ わからない…
たくさんあるのに 9人分《にんぶん》…?
ふたりとも よく知《し》っている はずですよ!

たくさんのごはんを9人《にん》で食《た》べるなんて大食《おおぐ》いね
うーん　ぼくも　学校《がっこう》では　いつも　おかわりしているけど…
「9人分《にんぶん》のしょくじ」をほかのことばでいうとどうなりますか?
あっ　わかったぞ!　きゅう食《しょく》だ!
なるほど!　9人分《にんぶん》だから9食《しょく》ね　お兄《にい》ちゃん　すごい!
えっへん
なかなか　やるなあ　まあ　なぞなぞは　たくさんあるから　せいぜい　楽《たの》しんで　とくんだな
よーし!　どんどん　とくぞ!
パク　パク
ふたりとも大食《おおぐ》いなのね…

421

赤《あか》い顔《かお》した
小《ちい》さなふたごって
だあれ？

422

たまごに
入《はい》っている人《ひと》のことを
なんてよぶ？

423

これなーんだ?

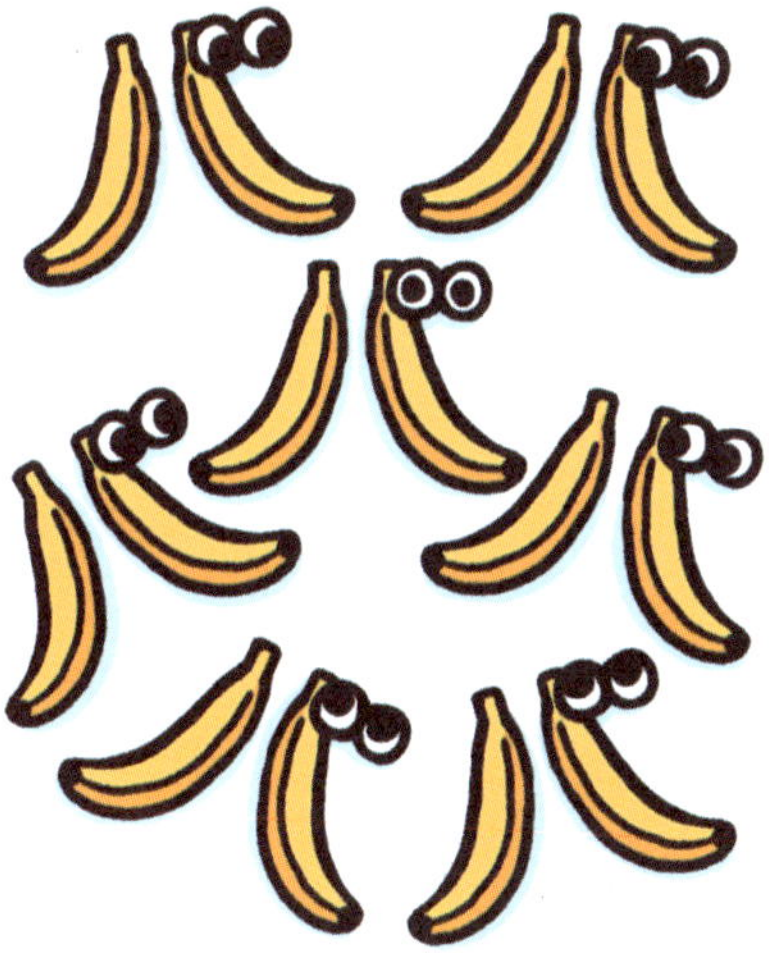

424

「ほっといて」という
ケーキって
どんなケーキ?

ダジャレ

425

たくさんあっても
ちょこっと
しかないという
あたためたら
とけちゃう
おかしってなに？

426

おもちゃの中《なか》に
かくれている
白《しろ》くてのびる
食《た》べものって
な～んだ？

427

「さしすせそ」
の中《なか》に
かくれている
ちょうみりょうは
なあに？

428

いもうとが
1つもっていて
おとうとは1つも
もっていない
やさいって
なに？

148～149ページのこたえ

421	さくらんぼ（チェリー）……□	422	きみ……□
423	バナナ……□	424	ホットケーキ……□

たまごの中《なか》には、「白身《しろみ》」と「黄身《きみ》」が入《はい》っているぞ。「君《きみ》」と書《か》くと、あいてをよぶときのことばになるぞ。

429

くるみを
ひっくり
かえしたら
出《で》てきた
白《しろ》いのみものって
なに？

430

夏《なつ》に食《た》べる
赤《あか》い
いかって
どんないいか？

431

ダジャレ

なにか
思《おも》いついたときに
口《くち》から出《で》てくる
のみものは
なーんだ？

432

「め」は「め」でも
かぞえきれない
くらいたくさん
食《た》べちゃう
白《しろ》い「め」って
なあに？

433

ソフトクリームの
中《なか》にかくれている
秋《あき》の食《た》べもの
ってなに？

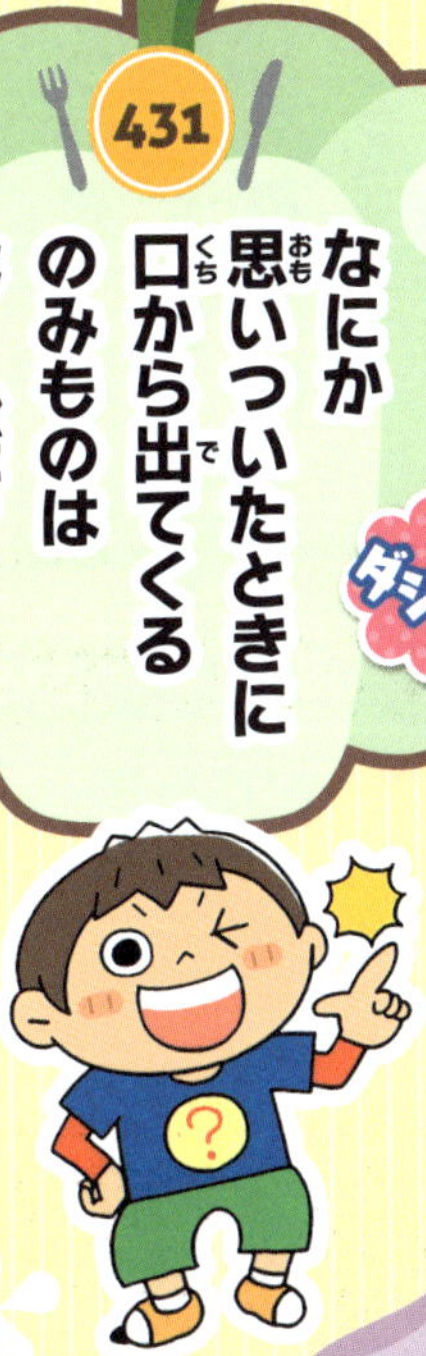

434

キッチンにいる するどい ちょうって どんなちょう？

435

やさいが たくさん 食《た》べられる さらって なあに？

436

おもしろく なくても おもしろいという 食《た》べものって なに？

ダジャレ

437

ついねだんを 聞《き》いてしまう 魚《さかな》のたまごは なに？

150～151ページのこたえ

425	チョコレート	□	426	もち	□
427	す	□	428	いも	□
429	ミルク	□	430	すいか	□
431	ソーダ（そうだ）	□	432	米《こめ》	□
433	くり	□			

「米《こめ》」をぶんかいすると「八十八《はちじゅうはち》」。のうかの人《ひと》は88の、つまり、たくさんのくろうをして米《こめ》をそだてるんだ。

438

あいしている
という
あまくて
つめたい
食《た》べものは
なに？

439

こうえんのすなばを
ひっくりかえしたら
出《で》てきた
やさいってなに？

440

食《た》べられないけど
食《た》べるものを
作《つく》ることができる
火《ひ》にかけても
もえないパンは？

441

かぜをひいて
いなくても
「せき」がつく
赤《あか》いごはんって
なあに？

442

青《あお》い海《うみ》から
やってきたけど
白《しろ》い色《いろ》をしていて
おりょうりに
つかわれる
しょっぱいもの
な～んだ？

クイズ 443

「ある」と「ない」にならぶことばからこたえをかんがえてね。

ある

くもり
いちょう
バッター

ない

晴《は》れ
けやき
ピッチャー

これなあに？

クイズ 444

「ある」と「ない」にならぶことばからこたえをかんがえてね。

ある

鳥《とり》
せんぷうき
ひこうき

ない

木《き》
ストーブ
しんかんせん

これなあに？

152～153ページのこたえ

434 ほうちょう ……………… □
435 サラダ ……………… □
436 おかし ……………… □
437 いくら ……………… □
438 アイスクリーム ……………… □
439 なす ……………… □
440 フライパン ……………… □
441 おせきはん ……………… □
442 しお ……………… □

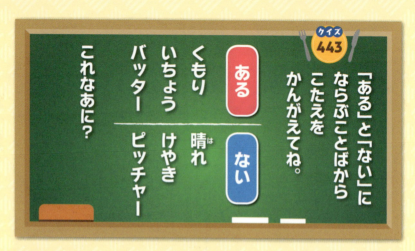

クイズ 445

つぎの４つのうち、
ひとつだけ
「なかまはずれ」があるよ。
どれかわかるかな？

クイズ 446

つぎの４つのうち、
ひとつだけ
「なかまはずれ」があるよ。
どれかわかるかな？

448

すっぱくておいしいほしってどんなほし?

447

「とらん」というのに出《で》るときにお金《かね》をとられちゃうお店《みせ》ってどんなお店《みせ》?

ダジャレ

450

空《そら》からふってくるとあじがしなくて食《た》べものだとあまいものなーんだ?

449

キッチンにあるおさらをピカピカにしてくれるきんってどんなきん?

154～155ページのこたえ

443 虫《むし》の名前《なまえ》が入《はい》っている……… ☐　**444** 羽《はね》……………………… ☐

445 スパゲティ（「ん（ン）」がない）……………………………… ☐

446 花《か》びん（しょっきではない）……………………………… ☐

鳥《とり》とひこうきの羽《はね》は空《そら》をとぶため、せんぷうきの羽《はね》は、回《まわ》ることで空気《くうき》をすずしくするためにあるぞ。

451

しみはしみでも
しょうゆをつけて
食《た》べられる
しみってなに？

452

ダジャレ

あったかいそばと
つめたいそば
ねだんが高《たか》いと
思《おも》ったのは
どっち？

453

1まいしかなくても
せんという
お米《こめ》で作《つく》った
パリパリした
おかしってなに？

454

ちずの中《なか》に
線《せん》を引《ひ》いたら
食《た》べものが
見《み》えてきたよ
それはなに？

455

よごれを
おとしてくれて
おそうじができる
ちくちくした
わしってなに？

456 いじわる

「そうめん・
やきそば・
ラーメン・
めんたいこ」
このなかで　めんが
入《はい》っていないのは
どれ?

457

白《しろ》いごはんと
いっしょに食《た》べる
おいしい
かずって
どんなかず?

458

1どしか
食《た》べていなくても
3どといわれる
食《た》べもの
なに?

459

つめたくて
かたいけれど
あたためたら
とけちゃう
おりって
なーんだ?

156～157ページのこたえ

447	レストラン …………□	448	うめぼし ……………………□
449	ふきん ……………□	450	あめ …………………………□
451	さしみ ……………□	452	あったかい（あっ、高《たか》い）…□
453	せんべい …………□	454	チーズ ………………………□
455	たわし ……………□		

「レストラン」はフランス語《ご》でりょうり店《てん》のことだ。「ファミレス」は「ファミリーレストラン」をみじかくしたもの。

460

1つしか
なくても
5つあるという
白《しろ》くて
丸《まる》いたまは
なあに？

461

ダジャレ

「とりなさい」
といわれる
なにかを
のせるものって
なに？

462

タイヤが
ついているのに
ちっとも
うごかない
おいしいものって
なーんだ？

463

ひざよりも
上《うえ》にある
くだものは
なに？

464

目《め》じゃなくて
したで
みるものって
なに？

465

食《た》べたらカリンと10回《かい》音《おと》がするというあまいおかしってなに?

466

ごご3時《じ》ごろにあらわれるおいしいやつってどんなやつ?

158〜159ページのこたえ

456	やきそば …………………… □	457	おかず …………………… □
458	サンドイッチ ……………… □	459	こおり …………………… □
460	たまご(たま5) …………… □	461	トレイ …………………… □
462	たいやき …………………… □	463	もも ……………………… □
464	あじ ………………………… □		

「サンドイッチ」は、トランプをしながら食《た》べられるように、ぐをはさんだパンをはつめいした人《ひと》の名前《なまえ》がもと。

467

プリントの文字《もじ》の
いちばん下《した》をかくしたら
見《み》えてくるおかしって
なに？

468

お寺《てら》をかしてあげるときに
食《た》べるおかしってなに？

469

「りんりん
りんりんりん♪」
すずが5回《かい》鳴《な》ったよ
この赤《あか》いくだものは
なに？

470

小《お》川《がわ》を
ながれていく
2まいのしょっきは
なに？

ダジャレ

160 〜 161 ページのこたえ

465	かりんとう（かりん10）…□	466	おやつ……□
467	プリン……□	468	カステラ（かす寺《てら》）……□

カステラは、ポルトガルという国《くに》からやってきたおかし。
さいしょは「かすていら」とよばれていたぞ。

おまけ

まちがいさがし

上《うえ》の絵《え》と下《した》の絵《え》のちがうところを
6つみつけてね。

471

遠《とお》くにあっても
近《ちか》くにあるという
食《た》べものは
なあに？

472

かんはかんでも
かわのついている
オレンジ色《いろ》の
かんってなに？

473

ピースができる
みどりの
やさいって
どんなやさい？

474

1こでも
6こあると
いわれる
やさいってなに？

ダジャレ

162ページのこたえ

469 りんご（りん5）…………□　**470** さら（さらさら）…………□

「さらさら」は川《かわ》がしずかにながれるようす。「さら」が 2 まいで「さらさら」というわけだ。

475

なんども
くりかえして
いっていると
1こでも
10万《まん》になる
あまいおかしって
なに？

476

「かきくけこ」の
中《なか》に
かくれている
くだものって
なに？

477

うちゅうにいるのは
うちゅうじん
カレーに
入《はい》っているのは
なにじん？

478

ひらがなの
五十音《ごじゅうおん》の
頭《あたま》とおしりを
くっつけると
できる
食《た》べものは
なーんだ？

479

見《み》ても聞《き》いても
さわっても
いないのに
ごちそうが近《ちか》くに
あるのがわかったよ
どうして
わかったの？

クイズ 480

くっつきクイズだよ。

えんぴつ 紙《かみ》 顔《かお》 にはくっつくけど、

えのぐ ノート 頭《あたま》 にはくっつかない。

これなあに？

クイズ 481

くっつきクイズだよ。

もち だんご せんべい にはくっつくけど、

ケーキ コーラ ビスケット にはくっつかない。

これなあに？

164～165ページのこたえ

- 471 そば ……… □
- 472 みかん ……… □
- 473 グリーンピース ……… □
- 474 ブロッコリー ……… □
- 475 まんじゅう ……… □
- 476 かき ……… □
- 477 にんじん ……… □
- 478 あん（こ） ……… □
- 479 においでわかった ……… □

クイズ 482

つぎの3つには同《おな》じところがあるよ。
よく考《かんが》えてこたえてね。

おうだんほどう

はし

川《かわ》

なにが同《おな》じかな？

クイズ 483

つぎの3つには同《おな》じところがあるよ。
よく考《かんが》えてこたえてね。

ポスター

こおり

くものす

なにが同《おな》じかな？

484

ダジャレ

サラダを
食《た》べるとき
まよっていなくても
どれって
いうものなに？

485

むずかしい

やさいの
くらって
どんなくら？

486

キッチンで
食《た》べものを切《き》る
ときにつかうけど
ほうちょうでは
切《き》らないものは
なに？

487

むずかしい

ラーメンの中《なか》に
入《はい》っている
すすって
食《た》べない
めんってなに？

166〜167ページのこたえ

480 色《いろ》 ……□	481 お（頭《あたま》に「お」がつくことば）……□
482 「わたる」もの……□	483 「はる」もの……□

ことばの頭《あたま》に「お」をつけるとていねいに聞《き》こえる。でも、外国《がいこく》のことばなど「お」をつけないことばもあるぞ。

ダジャレ

488

もうつめたいのに
「つめたくして
いるか」と
聞《き》かれてしまう
夏《なつ》によく食《た》べる
ものってなに？

489

チクチク
イガイガしていない
とけちゃいそうな
ふわふわの
やわらかいくりって
なに？

490

ごはんを
食《た》べるのは
いつも
なんじ？

491

パンやケーキや
うどんになる
まほうの白《しろ》いこな
わたしは
どんなこ？

492

あまい「くだ」って
どんな「くだ」？

493

「にく」というけど
やさいのなかまで
においがする
頭《あたま》がツンと
とんがっている
ものはなに？

494

生《う》まれたての
赤《あか》ちゃんは
0さい　では
キャベツは
なんさい？

いじわる

168 ～ 169 ページのこたえ

484	ドレッシング ☐	485	オクラ ☐
486	まないた ☐	487	メンマ ☐
488	ひやしちゅうか（ひやし中《ちゅう》か？） ☐		
489	クリーム ☐	490	しょくじ ☐
491	こむぎこ ☐	492	くだもの ☐

やさいの「オクラ」は、えい語《ご》の「オクラ（okra）」から来《き》ていて、日本《にほん》でもそのままよばれているんだぞ。

495

上《うえ》から読《よ》んでも
下《した》から読《よ》んでも同《おな》じ
赤《あか》いやさいってなに？

496

2つならべて
さかさまにしたら
ブカブカになった
食《た》べものってなに？

ダジャレ

497

お正月《しょうがつ》の頭《あたま》とおしりをとるとあらわれる食《た》べものってなに？

498

いじわる

ごはんを食《た》べるとき口《くち》にするますってどんなます？

499

1ぱんから10ぱんまで白《しろ》い食《た》べものをもっているのはなんはん？

500

かいしゃにある食《た》べものってなに？

170～171ページのこたえ

493	にんにく ……………… □	494	やさい ……………… □
495	トマト ……………… □	496	かぶ ……………… □

にんにくは、強《つよ》いにおいがする。外国《がいこく》では、きゅうけつきドラキュラをおいはらう、まよけにもなっているぞ。

501

ほうっておくと
いつのまにか
食《た》べものに生《は》える
食《た》べられない
ものってなに？

502

小《ちい》さくて
あまくて
サクサクしている
すけっとって
どんなすけっと
なの？

503

あたまに
「め」がついていて
みどり色《いろ》の
かたいかわに
つつまれている
あまいくだもの
ってなに？

504

カメが
せなかに
のせている
のみものって
なに？

ダジャレ

505

「しおラーメン・
きつねうどん・
月見《つきみ》そば」
この中《なか》で
さいしょから
のびているのは
どれ？

いじわる

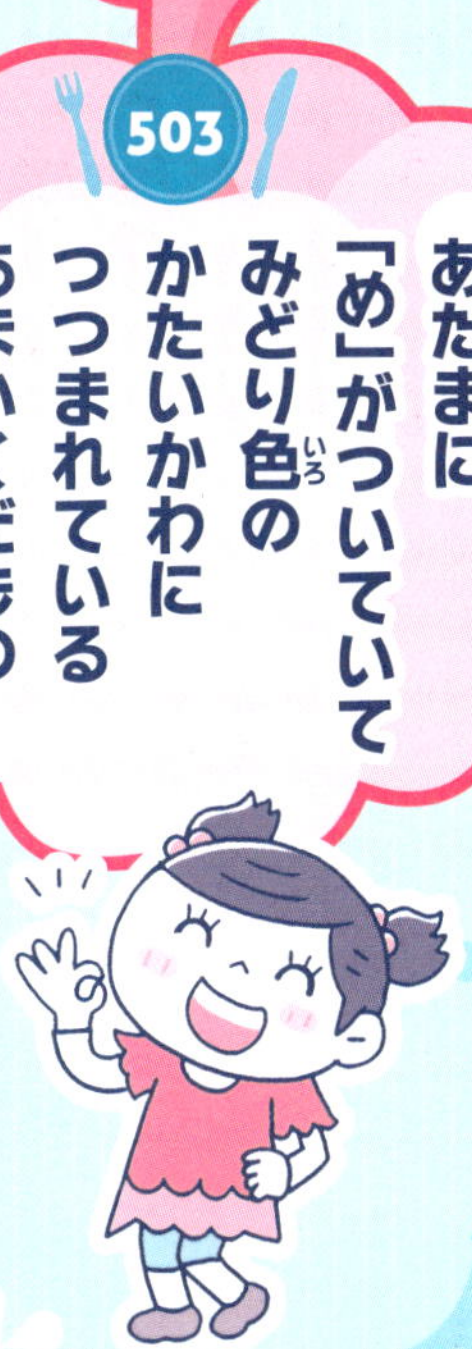

506

1本《ぼん》でも
5あるという
やさいのぼうって
どんなぼう？

507

ジュースを
のむときにつかう
細《ほそ》長《なが》いトンネル
みたいなもの
なあに？

508

おみそについて
よくわかっている
のみものはなに？

ダジャレ

509

かんはかんでも
やわらかくて
あまい　日本《にほん》に
むかしからある
かんってなに？

172～173ページのこたえ

497	しょうが	☐	498	いただきます	☐
499	ごはん（5はん）	☐	500	貝《かい》	☐
501	かび	☐	502	ビスケット	☐
503	メロン	☐	504	コーラ（こうら）	☐
505	しおラーメン（音《おと》がのびているから）	☐			

「こうら」は、かめのせなかにあって体《からだ》をまもっている。
「コーラ」は外国《がいこく》でも人気《にんき》の、あわの出《で》るのみもの。

510

あやまっている
わけでもないのに
ペコペコしている
人《ひと》がいるよ
どうしたのかな？

いじわる

511

食《た》べる前《まえ》から
「うまい」といわれる
中《なか》に肉《にく》やえびが
入《はい》っている
食《た》べものはなに？

512

おやつは日本語《にほんご》
ではデザートは
なにご？

いじわる

513

食《た》べたら
スカッとする
くだものって
なに？

ダジャレ

514

水《みず》や食《た》べものを
入《い》れて
グツグツとにる
りょうりが
とくいな
わたしはなに？

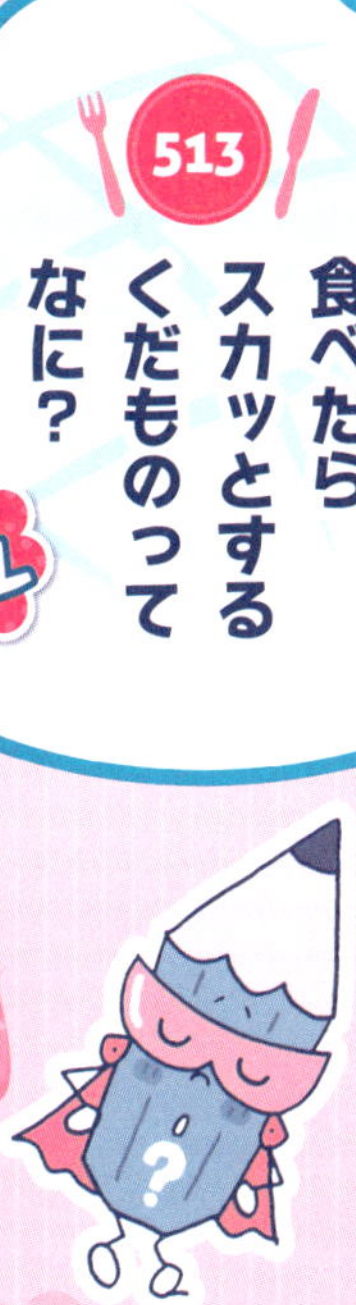

515

あまく作《つく》っても「からい」といわれる食《た》べものってなに？

516

キツネが好《す》きなスープはなあに？

174～175ページのこたえ

506	ごぼう …………………… □	507	ストロー …………………… □
508	みそしる（みそ知《し》る）…… □	509	ようかん …………………… □
510	おなかがすいている（おなかがペコペコ）…… □		
511	シュウマイ ………………… □	512	食後《しょくご》 …………………… □
513	マスカット ………………… □	514	なべ ………………………… □

英語《えいこ》の「ストロー（straw）」は「むぎわら」のこと。むかしはほんとうにむぎわらをつかっていたんだぞ。

517

丸《まる》いのに
だんが　5つあるという
おかしってなに？

518

これなーんだ？

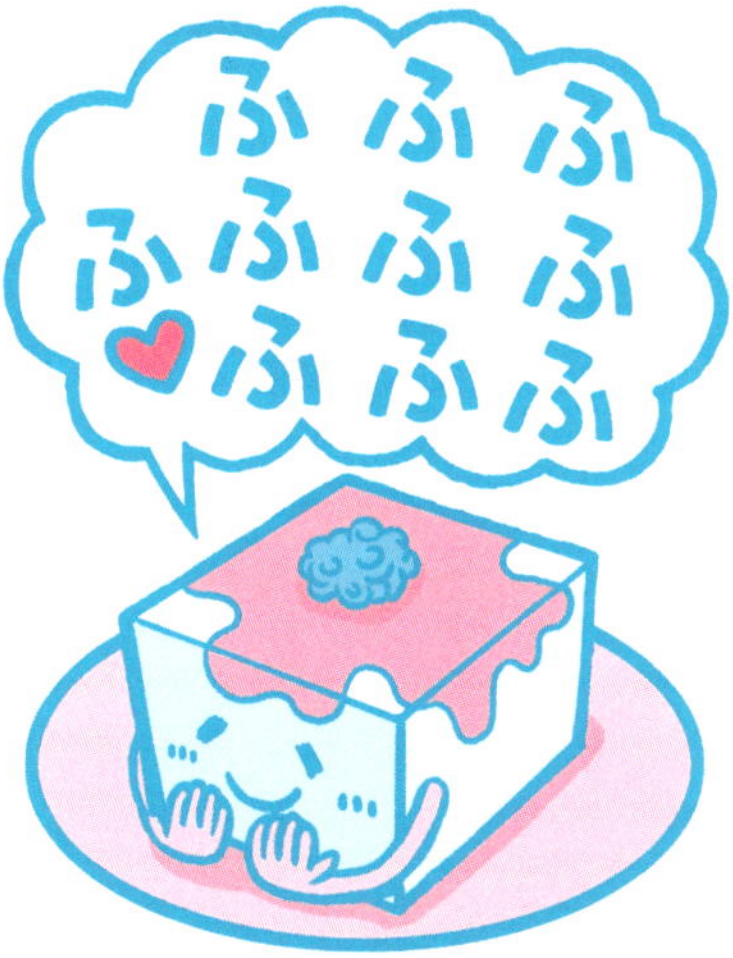

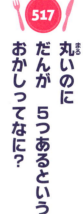

519

「しょうが・
にんにく・はくさい・
ちんげんさい」
この中《なか》で食《た》べたら
口《くち》の中《なか》がくさくなる
のはどれ？

520

1このパンを
こなごなにわけたら
パンは
なんこになる？

176〜177ページのこたえ

515	カレー ……………… □	**516**	コーンスープ ……………… □
517	だんご（だん5）……………… □	**518**	とうふ ……………… □

キツネの鳴《な》き声《こえ》は「コンコン」や「コーン」。「コーンスープ」はとうもろこし（コーン）で作《つく》ったスープだ。

おまけ 数《かぞ》えよう

上《うえ》と同《おな》じおかしの数《かず》を数《かぞ》えてね。
絵《え》の中《なか》にいくつあるかな？

521 ダジャレ

買《か》う気《き》がなくても
買《か》ってしまいそう
という食《た》べもの
ってなに？

522

しょっぱくて
おいしいけもの
ってなに？

523

おいしい
りょうりを作《つく》っても
自分《じぶん》で食《た》べないで
ほかの人《ひと》に
食《た》べてもらう人《ひと》は
だれ？

524

みどり色《いろ》なのに
とっても
茶色《ちゃいろ》いという
のみものってなに？

178 ページのこたえ

519 はくさい（は・くさい）……□	**520** パンこ ……………□

はくさいは、なべりょうりなどにもよくつかわれる冬《ふゆ》のやさい。食《た》べてもはがくさくならないからあんしんしろ。

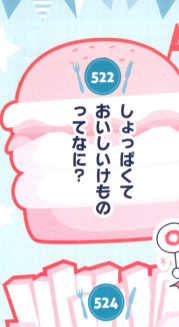

525

ソーセージが
３本《ぼん》あって
だれかが２本《ほん》
くわえていきました
ソーセージは
何本《なんぼん》になったかな？

いじわる

526

スーパーで
売《う》っている
みどり色《いろ》の
ガスってなに？

527

白《しろ》と黒《くろ》の
どうぶつから
出《で》てくる
白《しろ》いのみものは
なあに？

528

黒《くろ》が
３つあるという
パンって
どんなパン？

ダジャレ

529

黄《き》色《いろ》い顔《かお》をした
すっぱいもんって
どんなもん？

パズル 530

絵《え》を見《み》ながら
つぎの文《も》字《じ》を
ならべかえてね。

う　ほ　ん　て　き　よ

パズル 531

絵《え》を見《み》ながら
つぎの文《も》字《じ》を
ならべかえてね。

ひ　も　ど　の　こ

180 ～ 181 ページのこたえ

- **521** 海《かい》そう …… □
- **522** つけもの …… □
- **523** コックさん（りょうり人《にん》） …… □
- **524** まっ茶《ちゃ》 …… □
- **525** ５本《ほん》（２本《ほん》「くわえて＝足《た》して」いったから） …… □
- **526** アスパラガス …… □
- **527** ぎゅうにゅう …… □
- **528** クロワッサン（黒《くろ》は３） …… □
- **529** レモン …… □

パズル 532

つぎのことばは
どのなかまに入《はい》るかな？
正《ただ》しく点《てん》をつないでね。

ことば	なかま
ボート	お店《みせ》
パンやさん	のりもの
ふえ	がっき

パズル 533

つぎのことばは
どのなかまに入《はい》るかな？
正《ただ》しく点《てん》をつないでね。

ことば	なかま
夕《ゆう》方《がた》	色《いろ》
北《きた》	時《じ》間《かん》
むらさき	ほうい

534

見《み》ているのに
見《み》ていないという
とうめいな
のみものって
なに？

むずかしい

535

おしりに
「プ」がついている
3文《も》字《じ》でとうめいな
食《た》べものが
あるところで
かつやくする
ものはなに？

536

おとながすきな
なにも入《い》れないと
黒《くろ》くて　にが～い
のみものは
なに？

537

かけ算《ざん》したら
18になる
どうぶつから
とれる
食《た》べものって
なに？

182～183ページのこたえ

530 天《てん》気《き》よほう …………□

531 子《こ》どもの日《ひ》 …………□

532
- ボート ― のりもの
- パンやさん ― お店《みせ》
- ふえ ― がっき

…………□

533
- 夕方《ゆうがた》 ― 時間《じかん》
- 北《きた》 ― ほうい
- むらさき ― 色《いろ》

…………□

538

たいこは
たいこでも
赤《あか》くてつぶつぶの
からいたいこって
なに？

539

むずかしい

夜《よる》 食《た》べても
「あさ」という
貝《かい》はなあに？

540

むずかしい

ラーメンを
食《た》べているときに
さいているのは
なんの花《はな》？

541

「カレー・
グラタン・
シチュー」
この中《なか》で
ねずみがかくれて
鳴《な》いているのは
どれ？

542

お友《とも》だちの
「こうちゃん」が
もっている
のみものって
なに？

543

つぶつぶした
これって
なーんだ？

544

魚《さかな》でできている
まん中《なか》に
あながあいた
おいしい「わ」は
どんなわ？

184～185ページのこたえ

534	水《みず》(見《み》ず) ………… □	535	ラップ ………… □
536	コーヒー ………… □	537	肉《にく》(2×9=18) ………… □
538	めんたいこ ………… □	539	あさり ………… □
540	れんげ ………… □	541	シチュー ………… □
542	こう茶《ちゃ》 ………… □		

見《み》ないことを「見《み》ず」という。言《い》わないことは「言《い》わず」、来《こ》ないことは「来《こ》ず」だ。むずかしかったかな。

545

すっぱい
ちょうみりょうの「す」が
10こあつまったらできる
あまいのみものは?

ダジャレ

546

おべんとうに入《はい》っている
白《しろ》い体《からだ》に黒《くろ》いマントをきた
中《なか》になにか入《はい》ったりする
おにってどんなおに?

547

いじわる

シーソーが
みじかくなったら
はっぱが出《で》てきたよ
それは
なんのはっぱ？

548

海《うみ》にいて
イガイガの中《なか》に
入《はい》っている
食《た》べものって
なに？

549

上《うえ》は白《しろ》いあわ
下《した》は金色《きんいろ》
おとなに
ならないと
のめないものは
なにかな？

550

こわれていなくても
こわれたといわれる
ちょうみりょうは
なーんだ？

186～187ページのこたえ

543	ごま	□	544	ちくわ	□
545	ジュース	□	546	おにぎり	□

竹《たけ》やぼうをくしにして、魚《さかな》のすりみなどをまきつけてやいた「ちくわ」。まん中《なか》のあなはくしをぬいたあとだ。

551

2つあると
音楽《おんがく》にのって
とっても
楽《たの》しそうになる
食《た》べものは
なーんだ？

ダジャレ

552

つめたいお水《みず》と
お米《こめ》を入《い》れて
スイッチを入《い》れたら
ふっくらごはんが
できる　まほうのき
ってどんなき？

553

パソコンの
中《なか》をけしたら
やわらかい
食《た》べものになったよ
なにになった？

554

おじいちゃんと
食《た》べる
つめたくて
頭《あたま》につのが
1つある
あまいおかしって
なに？

ダジャレ

555

小《ちい》さくても
だいという
おとうふや
なっとうに
なるまめって
なに？

556

おいしい
ラーメンの
こつって
どんなこつ？

557

ダジャレ

夏《なつ》が
気《き》になっちゃう
おかしってなに？

558

おしりに
「て」をつけたら
火《ひ》がついちゃう
やさいは？

559

いつも　どう？
ってきかれる
みがたくさん
ついている
くだものってなに？

188〜189ページのこたえ

547	しそ……□	548	うに……□
549	ビール……□	550	こしょう……□
551	のり（ノリノリ）……□	552	すいはんき……□
553	パン……□	554	ソフトクリーム……□
555	だいず……□		

こしょうという草《くさ》のみから作《つく》るこうしんりょうが「胡椒《こしょう》」、きかいなどがこわれているときは「故障《こしょう》」と書《か》くぞ。

560

とったら
お店《みせ》の人《ひと》が
もってきてくれる
食《た》べものは？

561

やさいや
くだものの
頭《あたま》についている
じょうずの
はんたいのものは？

むずかしい

562

大《おお》きいサイズは
来《こ》ないという
白《しろ》いやさいって
なに？

ダジャレ

563

パンはパンでも
おとながのむ
おさけのパン
ってなに？

564

食《た》べものが
あたたまったら
教《おし》えてくれるのは
なんじ？

565

さいを
みつけた人《ひと》が
のんでいた
ものってなに？

566

これなーんだ？

190～191ページのこたえ

556	とんこつ	□	557	ドーナツ（どう？　夏《なつ》）	□
558	もやし	□	559	ぶどう	□
560	出前《でまえ》	□	561	へた	□
562	だいこん（大来《だいこ》ん）	□	563	シャンパン	□
564	電子《でんし》レンジ	□			

たくはいピザも出前《でまえ》のひとつ。お店《みせ》で作《つく》った食《た》べものやのみものなどを、家《いえ》までとどけるサービスのことだ。

567

火《ひ》にかけて
水《みず》をあたためるけど
「やかない」という
キッチンにあるどうぐは？

ダジャレ

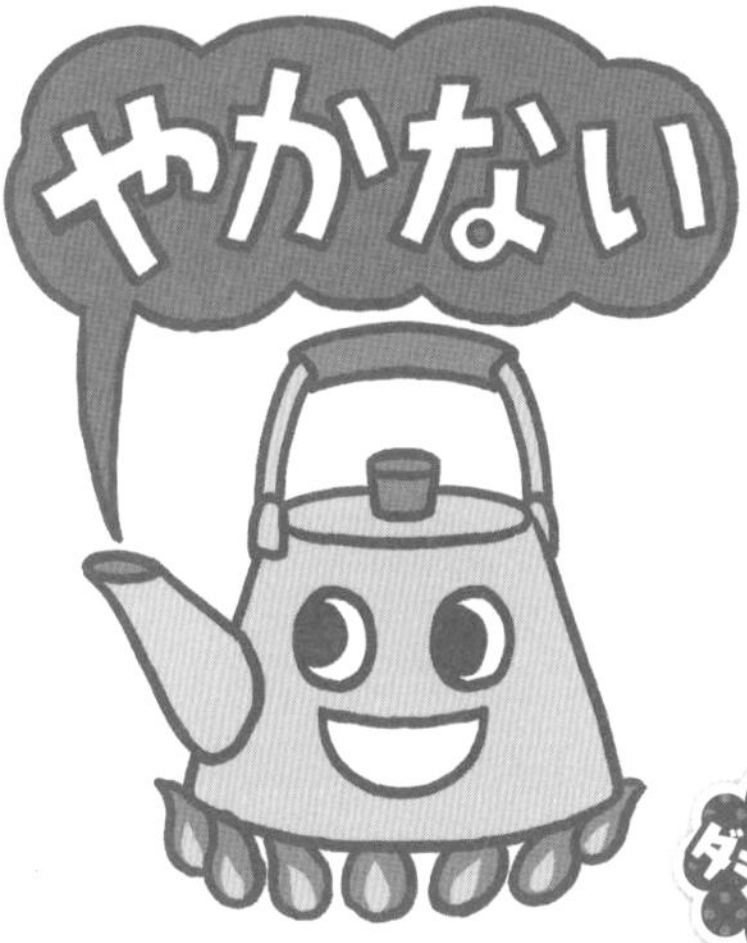

568

なんこあっても
ないといわれちゃう
くだものってなに？

ダジャレ

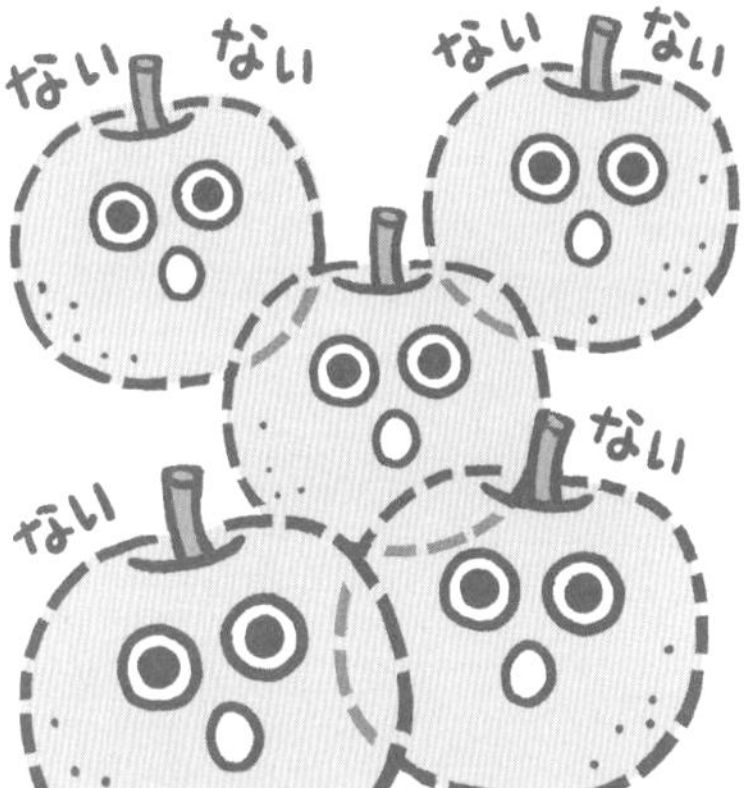

569

「ファ♪」の
となりにある
ちょうみりょうは
なあに？

むずかしい

570

食《た》べたしゅんかん
「ふるい！」って
びっくりした
おかしはなに？

ダジャレ

192～193ページのこたえ

565 サイダー（さいだー！）……□
566 きゅうす（9す）…………□
567 やかん………………………□
568 なし…………………………□

サイダーは、あわの出《で》るあまくてとうめいなのみもの。イギリスではりんごのおさけもサイダーとよばれるぞ。

おまけ めいろ

サラダ、スープ、ハンバーグ、スパゲティのじゅんに食《た》べて
ゴールしよう。ほかのりょうりは食《た》べられないよ。

571

たこや　かにに
へんしんできる
みんなが大《だい》すきな
おべんとうに
入《はい》っているもの
なーんだ？

572

どんというけれど
ごはんがちっとも
入《はい》っていない
白《しろ》い食《た》べものって
なに？

573

いじわる

もりはもりでも
木《き》はなくて
食《た》べものの
りょうをふやして
あるもりって
どんなもり？

574

つめはつめでも
つめ切《き》りでは
切《き》れない
食《た》べものを
入《い》れるものは
なにづめ？

194ページのこたえ

569 みそ …………………… □　**570** ワッフル（わっ、ふる！）…… □

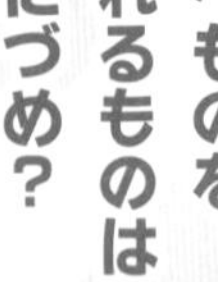

みそは、日本人《にっぽんじん》がむかしから食《た》べていたもの。だいずや米《こめ》、むぎなどと、しおとこうじで作《つく》られるぞ。

575

なにかと
いっしょでも
「べつ」といわれる
みどり色《いろ》の
丸《まる》いやさいは
なに？

576

「りりりりり
りりりり」という
みどり色《いろ》の
やさいって
なに？

577

自分《じぶん》が
食《た》べる分《ぶん》でも
かならず
あげないと
食《た》べられない
食《た》べものって
どんなもの？

むずかしい

578

たんじょうびに
ろうそくを
立《た》てられるのは
なんのき？

579

トマトから
生《う》まれた赤《あか》い
ちょうみりょうで
オムライスに
お絵《え》かき
するのは？

クイズ 580

つぎのなかまのうち
1つが足《た》りないよ。
「もう1つ」を
考《かんが》えてね。

1週間《しゅうかん》の曜日《ようび》は
月《げつ》 火《か》 木《もく》
金《きん》 土《ど》 日《にち》
と
もう1つはなあに？

クイズ 581

つぎのなかまのうち
1つが足《た》りないよ。
「もう1つ」を
考《かんが》えてね。

地図《ちず》にあるほういは
東《ひがし》 南《みなみ》 北《きた》
と
もう1つはなあに？

196～197ページのこたえ

- **571** ウインナー …………… ☐
- **572** うどん …………… ☐
- **573** 大《おお》もり …………… ☐
- **574** かんづめ …………… ☐
- **575** キャベツ …………… ☐
- **576** きゅうり（9り）…………… ☐
- **577** あげもの …………… ☐
- **578** ケーキ …………… ☐
- **579** ケチャップ …………… ☐

クイズ 582

これはいつすることかな？
何《なん》月《がつ》何《なん》日《にち》かこたえてね。

こいのぼりをあげて
元《げん》気《き》にそだつようにねがう
「子《こ》どもの日《ひ》」は
何《なん》月《がつ》何《なん》日《にち》？

クイズ 583

これはいつすることかな？
何《なん》月《がつ》何《なん》日《にち》かこたえてね。

一《いち》年《ねん》のおわりの
「おおみそか」とよばれるのは
何《なん》月《がつ》何《なん》日《にち》？

584

むずかしい

「りんご・いちご・ぶどう」
この中《なか》で　てじなに
つかえない
くだものはどれ？

585

「キック」と
何回《なんかい》も
いっていたら
おいしいおかしに
なったよ
なにになった？

586

「ぶどう」と
「くだもの」を
えい語《ご》でいったら
まったくちがう
くだものになったよ
なにかな？

587

ダジャレ

男《おとこ》の人《ひと》っぽく
「そうです」と
いってしまう
茶色《ちゃいろ》の
ちょうみりょう
ってなに？

198～199ページのこたえ

580 水《すい》（曜日《ようび》）……□	**581** 西《にし》……□
582 5月《がつ》5日《か》……□	**583** 12月《がつ》31日《にち》……□

曜日《ようび》は星《ほし》がもとになっている。月曜《げつよう》から月《つき》、火星《かせい》、水星《すいせい》、木星《もくせい》、金星《きんせい》、土星《どせい》で、日曜《にちよう》はたいようをあらわすぞ。

588

いくつあっても
2つという
なべをつかって
作《つく》るりょうりって
どんなもの？

589

「わた　わた
わた　わた」
という
食《た》べものって
なに？

590

みんなが元気《げんき》になる
えいようを
とどけてくれる
スーパーマン
みたいなやさいって
なにマン？

591

「レ♪＋」
っていうやさい
これなあに？

いじわる

592

上《うえ》から見《み》たら
四角《しかく》　よこから
見《み》たら丸《まる》い
のりまき
みたいな形《かたち》の
あまくて
ふわふわな
おかしは？

593

「8」が3つあるというあまいものってなに？

594

りょうりする前《まえ》はなんともないけど切《き》ったとたんになみだが出《で》てきちゃうやさいは？

200～201ページのこたえ

584 いちご（はじめからタネが見《み》えているから）……□
585 クッキー……□
586 グレープフルーツ……□
587 ソース（そーっす）……□
588 にもの（2もの）……□
589 わたがし（わたが4）……□
590 ピーマン……□
591 レタス……□
592 ロールケーキ……□

えい語《ご》でぶどうは「グレープ（grape）」、くだものは「フルーツ（fruit）」だが、くっつくとべつのものになる。

595

フライパンで
お肉《にく》をやいたときに
聞《き》こえてくる数字《すうじ》は
いくつ?

ダジャレ

596

これなーんだ?

597

「ゆが小《ちい》さい」
という
こい茶《ちゃ》色《いろ》の
ちょうみりょうは
なに？

ダジャレ

598

おいしい
食《た》べものを
食《た》べるところなのに
何回《なんかい》もいわれると
「どう？　ショック？」
と聞《き》こえるのは？

ダジャレ

599

ドーナツじゃ
ないのに
あながあいていて
やさいなのに切《き》ったら
花《はな》のような形《かたち》の
食《た》べものはなに？

むずかしい

600

においがしなくても
「プーン」という
ごはんを
食《た》べるときにつかう
どうぐはなに？

202～203ページのこたえ

593	はちみつ（8が3つ）…□	**594**	玉《たま》ねぎ……………□
595	10（ジュー）……………□	**596**	はし……………………□

フライパンで肉《にく》をやいたり、やさいをいためたりすると「ジュージュー」という音《おと》がして、おなかがすくなあ。

601

「さ行《ぎょう》の1ばんと
あ行《ぎょう》の3ばん」
この
ちょうみりょうは
なに？

むずかしい

602

公園《こうえん》の中《なか》にある
食《た》べものは
なあに？

むずかしい

603

「ドミファソラシド
＝カレー」
これってなに？

604

ひざに丸《まる》を
書《か》いたら
丸《まる》い食《た》べものに
なったよ
なにになったの？

605

「しずかに
しなさい」
といっている
小《ちい》さなたけって
どんなたけ？

ダジャレ

606

家《いえ》の中《なか》で
りょうりが
作《つく》れるようになる
ころって
どんなころ？

607

たくさん
売《う》っていても
まん中《なか》は
「うれん」という
やさいって
なに？

608

「このばしょは
『ア』だよ」という
のみものって
なに？

609

「うどん」が
入《はい》っているのに
ごはんと牛肉《ぎゅうにく》で
できている
食《た》べものって
なに？

610

ひっくり
かえしてみたら
「とるな」という
ラーメンに
入《はい》っている
ものってなに？

204～205ページのこたえ

597	しょうゆ（小《しょう》ゆ）……………… □	598	しょくどう ………… □
599	れんこん ……………………… □	600	スプーン ………… □
601	さとう（「さ」と「う」）………… □	602	ハム ……………… □
603	レトルトカレー（レとるとカレー）…… □	604	ピザ ……………… □
605	しいたけ（しーっ・たけ）…… □	606	だいどころ ………… □

公園《こうえん》の「公《おおやけ》」というかん字《じ》の中《なか》に、カタカナの「ハ」と「ム」がかくれていたことに気《き》がついたかな？

ステージ3 ごほうびクイズ

ステージ3のごほうびクイズだぞ。下《した》のマスに、リストにあるなぞなぞのこたえを入《い》れると、色《いろ》のついたマスにマークがあらわれるぞ。

462

475

508

トクトクのなぞなぞ

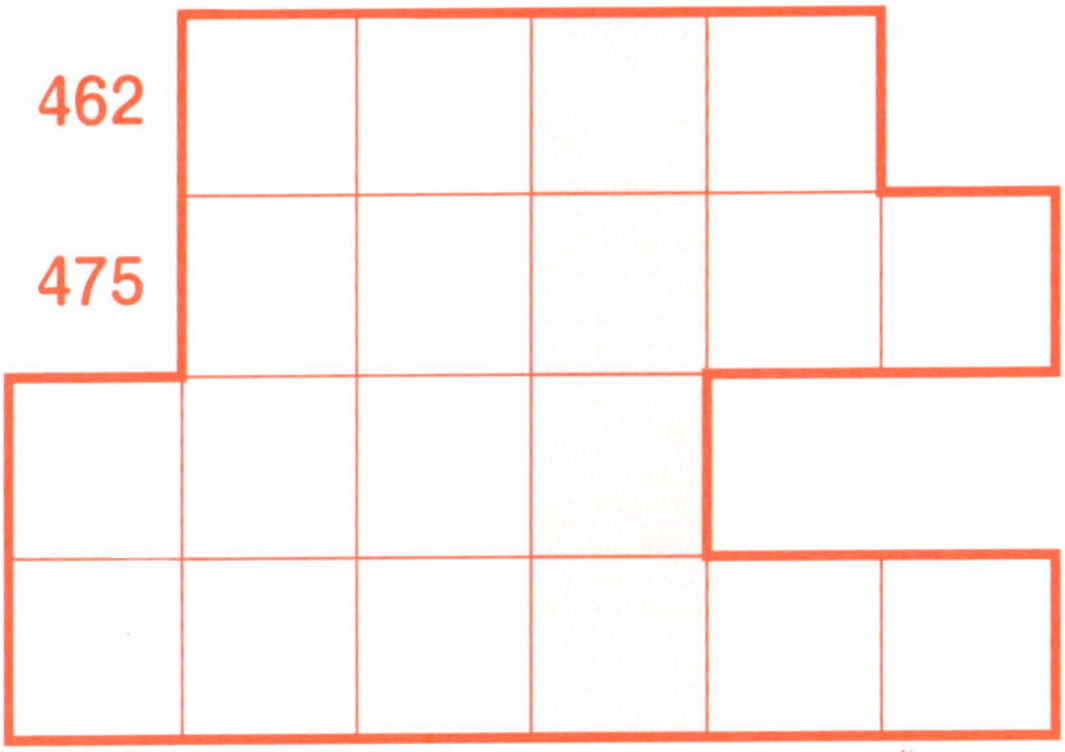

※こたえはひらがなで書《か》いてね。

リスト

462　475　508

トクトクのなぞなぞ（146ページ）

なぞなぞのこたえを
よこに入《い》れていくのね！

ぜんぶ、おれがすきなものだな！

マスをうめられたか？
こたえは「やじるし」だ！
しっかりごはんを食《た》べていれば
こたえられるな

こたえ

462		た	い	や	き	
475		ま	ん	じ	ゅ	う
508	み	そ	し	る		
トクトクのなぞなぞ	き	ゅ	う	し	ょ	く

マークは「やじるし　➡」だね！

もう３つのマークがあつまりました。
あと２つです！

206ページのこたえ

607　ほうれんそう …………… □
608　ココア …………………… □
609　牛《ぎゅう》どん ……………………… □
610　なると …………………… □

ステージ４

べんきょうのなぞなぞ

わしの名前《なまえ》は
リードル
なぞなぞでしょうぶを
するというのは
おまえたちか？
おう！
べ…べんきょうの
なぞなぞなんて
かんたんに
といてやるさ！
ふむ
国語《こくご》が
とくい
なんじゃな？
うっ…
そうよ！
国語《こくご》だって
算数《さんすう》だって
とけるわ！
おお！
ふおっ ふおっ ふおっ
なにごとも
チャレンジする
ことが
だいじじゃな
では
なぞなぞじゃ
雨《あめ》でも
くもりでも
ないのに
たいようが
見《み》えないのは
なぜじゃ？

えっ　天気《てんき》は わるくないのに たいようが 見《み》えない…？
ペラ
えっ
ふたりとも よく考《かんが》えれば わかる はずですよ
天気《てんき》は かんけいないの かしら？ 晴《は》れていても 見《み》えないって ことは…？
ウ〜ん
ふおっ ふおっ ふおっ
晴《は》れているのは 昼間《ひるま》だけでは ありません！
わかった！ 夜《よ》空《ぞら》 だからだわ！
ふぉっ ふぉっ ふぉっ
えっ？ ちがうの かしら…
…せいかい じゃ！
ズコー

611

「ちょうだい」という
いろいろな色《いろ》があるもの
なーんだ？

612

「はは」に
丸《まる》を2つつけてあげたら
だれになる？

613

はさみとじょうぎと
カッターが
たたかったよ
まけなかったのはどれ？

614

お水《みず》が
たくさん入《はい》るケツって
どんなケツ？

ダジャレ

615

おやのカラスが
3回《かい》鳴《な》いたよ
このカラスは
パパとママ
どちら？

616

ようちえんや
ほいくえんにある
形《かたち》って
どんな形《かたち》？

617

いじわる

いじわる
なぞなぞだよ
十《じゅう》から一《いち》を
引《ひ》いたら
なんになる？

618

学校《がっこう》で
クラスのみんなを
まとめてくれる
先生《せんせい》は
なんにん？

212～213ページのこたえ

611 クレヨン …………………… □	612 パパ ……………………………… □
613 カッター（かったー）…… □	614 バケツ ………………………… □

丸《まる》がつくのは「ぱぴぷぺぽ」だけ。点々《てんてん》（だくてん）がついたら「ばびぶべぼ」になるぞ。

619

いつもは
だれかいるのに
きょうは
だれもいない
せきって
どんな　せき？

620

じてん車《しゃ》の
中《なか》にある
おもたい本《ほん》って
なに？

いじわる

621

「は」に○を
つけると「ぱ」
「ひ」に○を
つけると「ぴ」
では「ろ」に
○をつけると
なにになる？

622

ノートに
文字《もじ》がきれいに
書《か》けるようになる
じきって
どんなじき？

いじわる

623

テストの点《てん》には
ちゃんと
丸《まる》がついていたのに
ちっとも点《てん》が
とれませんでした
どうして？

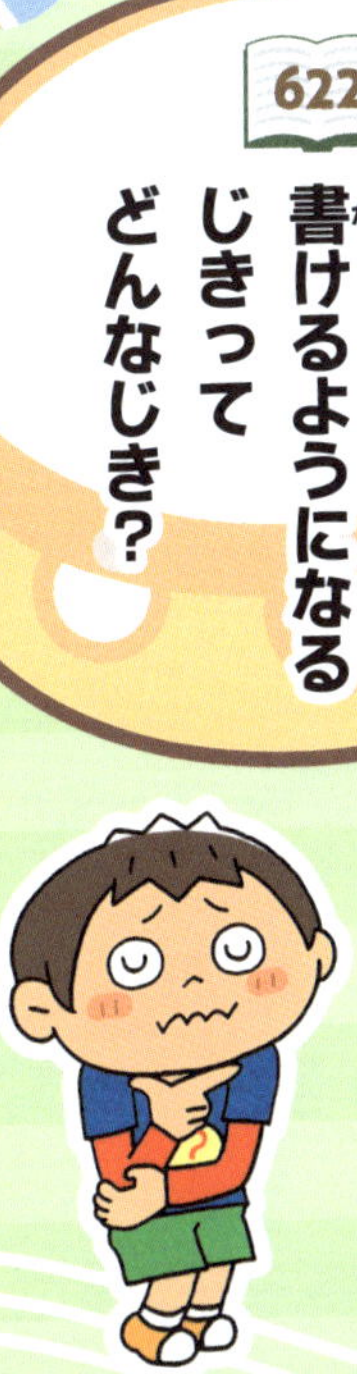

624

「算数《さんすう》・国語《こくご》・生活《せいかつ》」この中《なか》で数《かず》が入《はい》らないのはどれ？

625

「あいうえお」のあたまとおしりをあわせたらどんな色《いろ》になる？

626

かいはかいでも子《こ》どもがもらえる買《か》いものができるかいってなに？

627

1から10の中《なか》でひっくりかえしても同《おな》じ2文字《もじ》の数字《すうじ》っていくつ？

214～215ページのこたえ

615	ママ（カー3＝かあさん）……□	616	円《えん》……□
617	1（十《じゅう》のよこのぼうをとると1になるよ！）……□		
618	たんにん……□	619	けっせき……□
620	じてん……□	621	る……□
622	下《した》じき……□	623	0点《てん》だったから……□

ようちえんの組《くみ》や学校《がっこう》のクラスをうけもつ先生《せんせい》を「たんにん」とよぶんじゃ。

628

わかい男《おとこ》の子《こ》は
何年《なんねん》でしょう？

629

書《か》けば書《か》くほど
せがひくくなる
先《さき》がとがっている
ものってなに？

630

1もん5点《てん》で
60もんあるテストと
90もんのテスト
ぜんぶせいかいなら
同《おな》じ点《てん》だよ　何点《なんてん》？

631

きれいな線《せん》が
引《ひ》けるのに
自分《じぶん》だけでは
なにも書《か》けない
ものはなに？

632

むずかしい

「に」のつぎに
「さん」がこないと
したら　いったい
なにがくる？

クイズ 633

3つのヒントからこたえをあててね。

茶色《ちゃいろ》い食《た》べもの

ねばねばしている

だいずから作《つく》るもの

これはなにかな？

クイズ 634

3つのヒントからこたえをあててね。

りょうりにつかうよ

さわるとベタベタ

水《みず》みたいだけど まざらない

これはなにかな？

216～217ページのこたえ

624 生活《せいかつ》（さんすうは3、こくごは5が入《はい》っているよ）……………□

625 青《あお》……………□

626 おこづかい……………□

627 7（なな）……………□

628 少年《しょうねん》……………□

629 えんぴつ……………□

630 まんてん……………□

631 じょうぎ……………□

632 ぬ（なにぬねの）……………□

クイズ 635

あんごうのかいどくに
ちょうせん！
なんといっているか
わかるかな？
ヒントは「ばとる」だよ。

たたばかばう
まばえばに
ばごはばんを
たばべばよう

※「ば・とる」だから「ば」をとると…？

クイズ 636

あんごうのかいどくに
ちょうせん！
なんといっているか
わかるかな？
ヒントは「はちがつ」だよ。

はちぎは
はちきへ
しゅっぱはち！

※「はち・が・つ」って
どういうことかな…？

637

百《ひゃく》から
一《いち》をひいたら
なにになる？

いじわる

638

いろいろなことを
知《し》っている
しりって
どんなしり？

639

「まぬけな
かきくけこ」って
いつのこと？

むずかしい

640

書《か》いた字《じ》をけして
きれいに
すればするほど
小《ちい》さくなるもの
なーんだ？

218～219ページのこたえ

633 なっとう ……………………… □
634 あぶら ……………………… □
635 たたかう前《まえ》にごはんを食《た》べよう ……………………… □
636 つぎは月《つき》へしゅっぱつ！ ……………………… □

あぶらは、しょくぶつのたねや、せきゆからできている。
ものをもやしたり、きかいをうごかすためにもつかうぞ。

641

べんきょう
しなさいと
いわれて
「はい」と答《こた》えたのは
なんじ？

642

ボールというのに
丸《まる》くなくて
なげないで
書《か》くものって
なに？

643

はずかしがって
いる人《ひと》が
2つかいて
いるのは　なに？

644

とても
むずかしい本《ほん》を
「よんだ」という
人《ひと》がいるよ
何《なん》回《かい》よんだかな？

645

だれかをけるけど
いたくない
やさしいけるだよ
どうする？

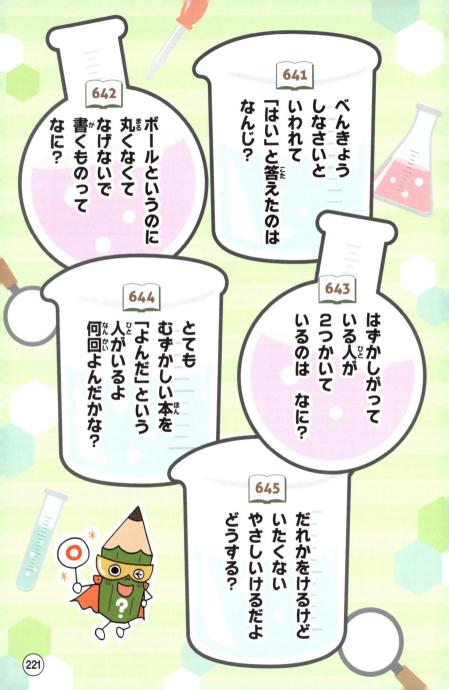

646

むずかしい

立《た》てても
見《み》えないけど
立《た》てたら
そこにむかって
すすめるものは
なに？

647

「なにぬねの」の
中《なか》で
1文字《もじ》でも
2つになるものは
なに？

648

本《ほん》やさんじゃ
ないけど
本《ほん》がたくさんある
学校《がっこう》のばしょは
どこ？

649

本《ほん》にはさんで
めじるしになる
しょっぱくない
しおって
なに？

220～221ページのこたえ

637	白《しろ》 ……………………… □	638	ものしり …………… □
639	かこ（間《ま》＝間《あいだ》をぬくよ）…… □	640	けしゴム …………… □
641	へんじ ……………………… □	642	ボールペン ………… □
643	文字《もじ》（もじもじ）………… □	644	4（よん）回《かい》………… □
645	たすける …………………… □		

「もじもじ」というのは、はずかしそうにしていたり、なにかをいおうとしてもいえなかったりするようす。

650

かまはかまでも
切《き》れなくて
きょうりょくして
なにかをする
かまってなに？

651

いじわる

赤組《あかぐみ》と青組《あおぐみ》と
黄色組《きいろぐみ》が5つの
きょうぎをして
赤組《あかぐみ》が
1番《ばん》になったよ
何勝《なんしょう》したの？

652

1回《かい》しか
まかないのに
8回《かい》まくという
ものってなに？

653

むずかしい

「6・4・2」の
つぎの数《かず》に
するのはなに？

654

お父《とう》さんと
お母《かあ》さんと子《こ》どもが
3人《にん》ならんでねたよ
子《こ》どもは
右《みぎ》・左《ひだり》・まん中《なか》の
どこでねたかな？

655

ダジャレ

きつねがやってくるというイベントってなに？

656

「お父《とう》さん」「お母《かあ》さん」「お兄《にい》さん」のおしりの数《かず》を足《た》したらいくつ？

222～223ページのこたえ

646 もくひょう …………… □
647 に（2） …………… □
648 としょしつ …………… □
649 しおり …………… □
650 なかま …………… □
651 ゆうしょう …………… □
652 はちまき …………… □
653 七五三《しちごさん》 …………… □
654 まん中《なか》（「おやすみ」というから、子《こ》どもはまん中《なか》になる）……… □

七五三《しちごさん》は、女《おんな》の子《こ》が7さいと3さい、男《おとこ》の子《こ》は5さいの11月《がつ》15日《にち》に行《おこな》う、元気《げんき》にそだつようにいのるぎょうじ。

657

おじさんや
お父《とう》さんがいるのは
なんじ?

ダジャレ

658

田《た》んぼの左《ひだり》がわに
糸《いと》をつけたら
どうなる?

むずかしい

659

遠《とお》くが見《み》えるぼうってなーんだ？

660

頭《あたま》のいいこいってどんなこい？

224～225ページのこたえ

655	コンクール ……………………□	**656**	9（「さん」を３つ足《た》す）…□
657	おやじ ……………………□	**658**	細《ほそ》くなる ……………………□

田《た》んぼの「田《た》」の左《ひだり》がわに「糸《いと》」（「いとへん」という）がつくと「細《ほそ》（い）」というかん字《じ》になるぞ。

おまけ えしりとり

スタートからゴールまで、絵《え》を見《み》ながらしりとりをしよう。

661

だれかが
かえってきたときに
あらわれるえりって
どんなえり？

662

子《こ》どものための
小《ちい》さなもりって
どんなもり？

663

さいしょはぴき
つぎはひき
では
そのつぎは？

664

4を
あわせたら
どんな
きもちになる？

226ページのこたえ

659 ぼうえんきょう …………□　660 かしこい ……………………□

とおくを見《み》ることができる「ぼうえんきょう」。りょうほうの目《め》で見《み》るものは「そうがんきょう」とよぶぞ。

665

1円《えん》から
10円《えん》の中《なか》で
食《た》べられないのは
何《なん》円《えん》？

ダジャレ

666

上《うえ》から読《よ》んでも
下《した》から読《よ》んでも同《おな》じ
けっこんしている
男《おとこ》の人《ひと》と女《おんな》の人《ひと》を
なんていう？

667

いつも同《おな》じ日《ひ》に
1つずつ
ふえるものって
なに？

668

きのう
べんきょうした
かしょでも
「きょう」
というものって
なに？

むずかしい

669

お父《とう》さんと
お母《かあ》さん
いつも
笑《わら》っているのは
どっち？

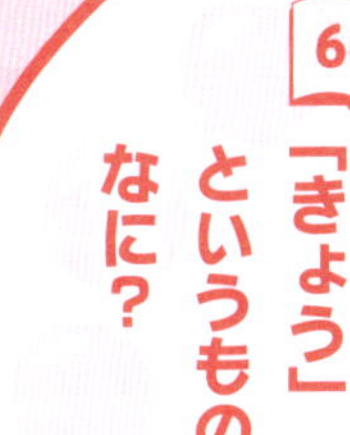

パズル 670

かん字《じ》を足《た》し算《ざん》すると
ほかのかん字《じ》が
できるよ。

市

女

足《た》すとなにになる？

パズル 671

かん字《じ》を足《た》し算《ざん》すると
ほかのかん字《じ》が
できるよ。

十

月

十

日

足《た》すとなにになる？

228 ～ 229 ページのこたえ

661 おかえり（なさい）……□　**662** 子《こ》もり……□
663 びき（1 ぴき、2 ひき、3 びき…）……□　**664** しあわせ……□
665 9円《えん》（くえん）……□　**666** ふうふ……□
667 とし（たんじょう日《び》にとしをとるね）……□
668 教科書《きょうかしょ》……□　**669** お母《かあ》さん（「はは」だから）……□

パズル
672

①から③を読《よ》んでクロスワードをといてね。

① あついところによく生《は》えているとげのあるしょくぶつ

② やきゅうやサッカーでつかうたまのこと

③ まもらなくてはいけないきまりをえい語《ご》でいうと？

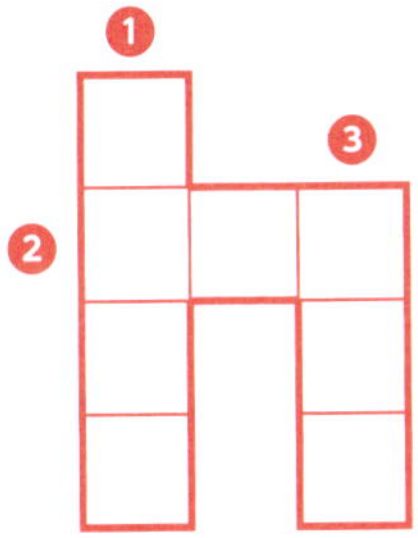

※マスに入《い》れることばは、ひらがなで書《か》いてね。

パズル
673

①から③を読《よ》んでクロスワードをといてね。

① 中《なか》に玉《たま》が入《はい》っていてゆらすとリンリンと鳴《な》るもの

② 遠足《えんそく》などのときに水《みず》を入《い》れてはこぶいれもの

③ キャンプなど外《そと》でとまるときに家《いえ》のかわりに立《た》てるこや

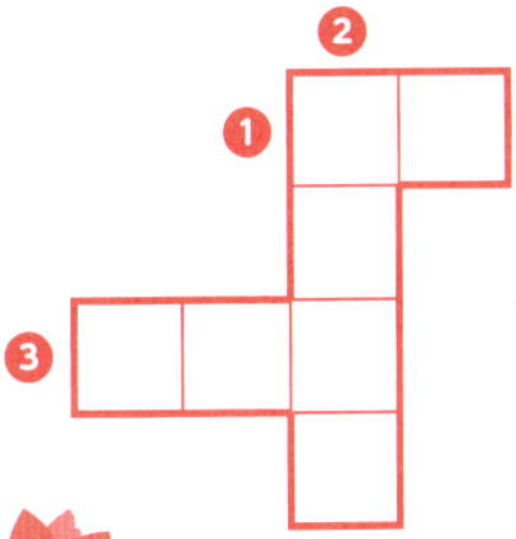

※マスに入《い》れることばは、ひらがなで書《か》いてね。

674

むずかしい

まつはまつでも
1年《ねん》のおわりの
まつって
なに？

675

「ランド」って
いうけど
ゆうえんちじゃない
学校《がっこう》にもって
いくものはなに？

676

「はち」を
はんぶんにしたら
カタカナになったよ
それはなに？

677

「かく　かく　かく」
という形《かたち》って
どんな形《かたち》？

230～231ページのこたえ

670 姉《あね》 …………□

671 朝《あさ》 …………□

672

	❶		❸
	さ		
❷	ぼ	ー	る
	て		ー
	ん		る

…………□

673

			❷	
❶			す	ず
			い	
❸	て	ん	と	
			う	

…………□

678

五《ご》百《ひゃく》円《えん》玉《だま》2まいと
千《せん》円《えん》さつ1まい
さて
こうかなのは
どっち？

いじわる

679

ひっくりかえすと
3ふえる
数《すう》字《じ》ってなに？

むずかしい

680

「さ」に
「一《いち》」を足《た》したら
なにになる？

681

なにかを
見《み》つけたときに
あらわれる
けんって
どんなけん？

682

パパとママか
おじいさんと
おばあさん
ふしぎに思《おも》ったのは
どっち？

むずかしい

683

レンズがひとつしかない遠《とお》くが見《み》えないめがねってなに？

684

えいごを話《はな》す人《ひと》がすんでいて遠《とお》くにある食《た》べられないあめってどんなあめ？

685

むずかしい

1から10の中《なか》で「つつ」が入《はい》っている数《すう》字《じ》はいくつ？

686

いじわる

うちゅうのはじまりとおわりはなに？

232～233ページのこたえ

674　ねんまつ …………………… □　675　ランドセル ………… □
676　ノ（かん字《じ》の八《はち》をはんぶんにするよ） ……………………… □
677　三角《さんかく》 …………………………… □　678　五百円玉《ごひゃくえんだま》２まい …… □
679　６（６より３ふえると９） …… □　680　き ……………………… □
681　はっけん …… □　682　パパとママ（「おや」というから） …… □

お金《かね》には、紙《かみ》でできた「さつ」と金《きん》ぞくでできた「こうか」があるんじゃ。こうかはコインともいうぞ。

687

「きのう・
きょう・あす」
さかみちを
のぼったのは
いつかな？

むずかしい

688

はこというけど
中《なか》にものを
入《い》れないで
たいいくのときに
みんなにとばれ
ちゃうはこは？

689

みんなが
いるところで
いちばん大《おお》きな
本《ほん》って
どんな本《ほん》？

むずかしい

690

いじわる

林《はやし》の中《なか》に
木《き》は
何本《なんぼん》ある？

691

「あいうえお」
の中《なか》で
かいたり見《み》たり
するものは
どれ？

692

トイレで
大《おお》きいほうを
したら
くさかった人《ひと》って
どんな人《ひと》？

693

きれいな円《えん》を
かくことができて
二本足《にほんあし》で
クルクルと回《まわ》る
つかうのが
むずかしい
ぶんぼうぐは？

234〜235ページのこたえ

683	虫《むし》めがね □	684	アメリカ □
685	5つ（いつつ） □	686	う □
687	きのう（「さかのぼった」から） □		
688	とびばこ □	689	日本《にほん》 □
690	2本《ほん》 □	691	え（絵《え》） □

時間《じかん》は、先《さき》へ先《さき》へとすすむもの。そのはんたいに、むかしにもどることを「さかのぼる」というのじゃ。

694

青《あお》の頭《あたま》をとったら
夜空《よぞら》にうかぶものはなに？

695

月《つき》のとなりは火《ひ》
火《ひ》のとなりは水《みず》
水《みず》のとなりは木《き》
木《き》のとなりは　なに？

696

ひくことはできるけど
足《た》すことも
かけることも
わることもできない
音《おと》が出《で》るものは？

697

1から10の中《なか》で
「ここ」がある数字《すうじ》は
いくつ？

698

高校《こうこう》を
そつぎょうする
人《ひと》が
まけたとき
なんて言《い》う？

ダジャレ

699

アルファベットの
AB《エービー》のつぎにくる
音楽《おんがく》をきくものは
なーんだ？

236～237ページのこたえ

692 大学生《だいがくせい》（大《だい》がくせい）…… □	693 コンパス …… □
694 月《つき》 …… □	695 金《きん》（曜日《ようび》） …… □

コンパスはきれいな円《えん》をかけるぶんぼうぐ。海《うみ》の上《うえ》で船《ふね》のばしょを知《し》る「らしんばん」も「コンパス」とよぶ。

700

学校《がっこう》の
じゅぎょうなのに
うごきまわって
いても
しかられないよ
どうしてかな？

701

せっかく
買《か》ったのに
なげないと
つかえない
丸《まる》いものって
なに？

702

1回《かい》しか
したことがなくても
「9」という
ボールやバットを
つかうスポーツ
ってなに？

703

「4か9」
という形《かたち》って
どんな形《かたち》？

704

ひとつでも
100の10こぶん
あるという
ほそいものって
なに？

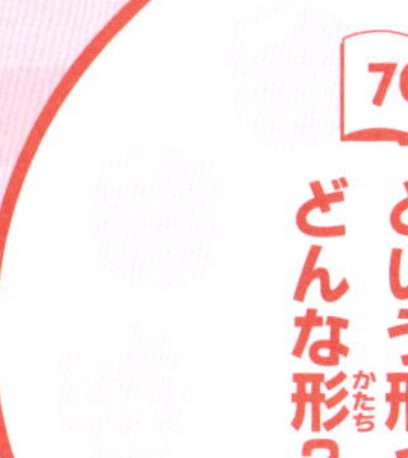

705

日本《にほん》のまん中《なか》にはなにがある？

いじわる

706

ドレスを鳴《な》らすとどんな音《おと》がする？

238～239ページのこたえ

696 がっき …………………… □　**697** 9つ(ここのつ) ………… □
698 こうさん(高《こう》3) ………… □　**699** CD《シーディー》 …………………… □
700 たいいくのじゅぎょうだから …………………… □
701 ボール …………………… □　**702** やきゅう …………………… □
703 四角《しかく》 ……… □　**704** 線《せん》(100の10こぶんは1000) ………… □

ほとんどの高校《こうこう》は3年《ねん》で卒業《そつぎょう》するのでさいごの学年《がくねん》は「高《こう》3」。まけたときには、あいてに「降参《こうさん》」というぞ。

707

ふくと
あたまがいいと思《おも》われる
がっきって　なに？

ダジャレ

708

かけっこの
スタートラインの数字《すうじ》は
いつもいくつ？

いじわる

709

ことばをつかって
あそぶ　とりって
どんなとり？

710

「あ」が
下《した》になるのは
いつかな？

むずかしい

240 ～ 241 ページのこたえ

705　ほ……☐　**706**　ドとレの音《おと》……☐　**707**　リコーダー……☐
708　1（「いちについて」というから）……☐

かけっこのとき、スタートを知《し》らせてくれる人《ひと》が言《い》うことばは、「いちについて」「ようい」「ドン」。

おまけ

みつけよう

8まいの絵《え》の中《なか》に同《おな》じ絵《え》が2まいあるよ。
どれかわかるかな？

711

けんどうで
つかわれる
「さすせそ」って
なに？

712

たたいたら
音《おと》が出《で》る
たいが入《はい》っている
がっきって
な～んだ？

713　ダジャレ

「どうやって
とくの？」と
聞《き》いてしまう
学校《がっこう》のじゅぎょうは
なに？

714　ダジャレ

木曜《もくよう》と金曜《きんよう》に
えんそうする
がっきはなに？

242ページのこたえ

709　しりとり …………□　　**710**　あした …………□

しりとり…りんご…ゴリラ…らっぱ…パソコン…「ン」？
「ん」でおわることばを言《い》ったらまけじゃ。

715

きかいの
おしボタンに
せいべつがあったら
男《おとこ》の子《こ》かな？
女《おんな》の子《こ》かな？

716

学校《がっこう》や会社《かいしゃ》に
行《い》かない日《ひ》に
あらわれる
すみって
どんなすみ？

717

女《おんな》の子《こ》でも　見《み》たら
「オレ」って
いっちゃう色《いろ》って
何《なに》色《いろ》？

718

じょうずな絵《え》が
かんせいしているのに
その上《うえ》から
クレヨンや色《いろ》えんぴつで
かきたしたよ
どうして？

719

ふじみな人《ひと》が
太《ふと》ると
どうなる？

むずかしい

720

だれかの
あいのある
おしりって
どんなおしり？

721

外《そと》は黒《くろ》
あけたら白黒《しろくろ》
ひいたら
ぜんぶちがう音《おと》が
出《で》るものはなに？

722

その国《くに》の人《ひと》は
おすをふらない
そうだよ
どこの国《くに》かな？

723

すごろくを
するとき
ころがっている
「さい」って
なーんだ？

244～245ページのこたえ

711　しない（「し」ない＝竹刀《しない》）…□
712　たいこ……………………□
713　どうとく（どうとく？）……□
714　もっきん…………………□
715　男《おとこ》の子《こ》（おすから）…………□
716　休《やす》み………………………□
717　オレンジ色《いろ》……………………□
718　ぬり絵《え》だから…………□
719　じみな人《ひと》になる（太《ふと》る＝「ふ」をとる）………………………□

「しない」は、けんどうでつかう、竹《たけ》でできた刀《かたな》のようなどうぐ。「めん」や「どう」「こて」もつかうぞ。

724

なみだが
たくさん出《で》ちゃう
虫《むし》って
どんな虫《むし》？

725

学校《がっこう》で
いちばんえらい
ちょうって
どんなちょう？

726

きょうそうして
いなくても
さいしょに
「かて」といわれる
じゅぎょうって
なに？

727

ダジャレ

みんなが
きらいじゃない
冬《ふゆ》のスポーツって
なに？

728

むずかしい

1こあるのに
半分《はんぶん》しかないと
いわれちゃう
紙《かみ》におして
つかうものは
なあに？

クイズ 729

ものにはきまった「数《かぞ》え方《かた》」があるよ。つぎのものの数《かぞ》え方《かた》はなにかな？

クイズ 730

ものにはきまった「数《かぞ》え方《かた》」があるよ。つぎのものの数《かぞ》え方《かた》はなにかな？

246～247 ページのこたえ

720 知《し》り合《あ》い …………………… □

722 フランス …………………… □

724 なき虫《むし》 …………………… □

726 かていか …………………… □

728 はんこ …………………… □

721 ピアノ …………………… □

723 さいころ …………………… □

725 校長《こうちょう》 …………………… □

727 スキー（すき） …………………… □

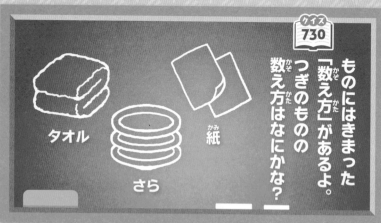

クイズ 731

つぎのことばの中《なか》に
かくれているものを
みつけてね。

ラベル

シートベルト

シャベル

かくれているものは？

クイズ 732

つぎのことばの中《なか》に
かくれているものを
みつけてね。

かんばん

みかん

しんかんせん

かくれているものは？

733

ダジャレ

「かして」と
らんぼうにいう
うちゅう人《じん》が
いるのは
どの星《ほし》？

734

むずかしい

口《くち》の中《なか》に
口《くち》を入《い》れたら
どんなふうに
うごく？

735

いつもより早《はや》く
おふとんに入《はい》ったら
あらわれる
「やね」って
どんな「やね」？

736

いじわる

よごれがついている
ハーモニカを
どんなにふいても
きれいにならないのは
どうして？

248～249ページのこたえ

729	足《そく》 ☐	730	まい ☐
731	ベル ☐	732	かん ☐

「ベル」は人《ひと》をよぶために鳴《な》らすどうぐ。電車《でんしゃ》がしゅっぱつするときに鳴《な》る音《おと》も「はっしゃベル」というんじゃ。

737

じょうずに
なるために
なにかをくりかえす
「しゅう」って
どんな「しゅう」？

738

むずかしい

かけっこで走《はし》る前《まえ》に
じゅんいがきまって
いないときは
みんななんいに
なるの？

739

はらっぱのなかで
ふいている
がっきって
なに？

740

ダジャレ

とっても広《ひろ》いのに
ほかのところに
いどうしたいと
思《おも》ってしまう
とどうふけんは
どこ？

741

いじわる

バスに5人《にん》の
おきゃくさんが
のっていて
つぎのバスていで
4人《にん》がおりたよ
今《いま》　バスの中《なか》には
何《なん》人《にん》いる？

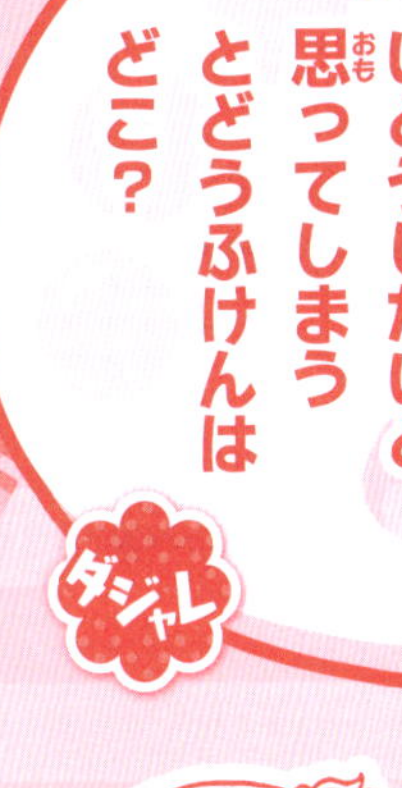

742

おたがいに
とってもにている
くりって
どんなくり?

743

朝《あさ》はいつも
なんようかな?

250～251ページのこたえ

733 火星《かせい》 ………□　734 回《まわ》る ………□　735 はやね ………□
736 ふいてえんそうしているから ………□
737 れんしゅう ………□　738 ようい ………□
739 らっぱ ………□　740 北海道《ほっかいどう》(ほっか・いどう) …□
741 2人《ふたり》(うんてんしゅさんもいるよ) ………□

北海道《ほっかいどう》は、日本《にほん》の北《きた》にある大《おお》きなしま。「いどう」は、べつのばしょにうごくことをさすんじゃ。

744

わらいながらわれる
おめでたい玉《たま》って
どんな玉《たま》?

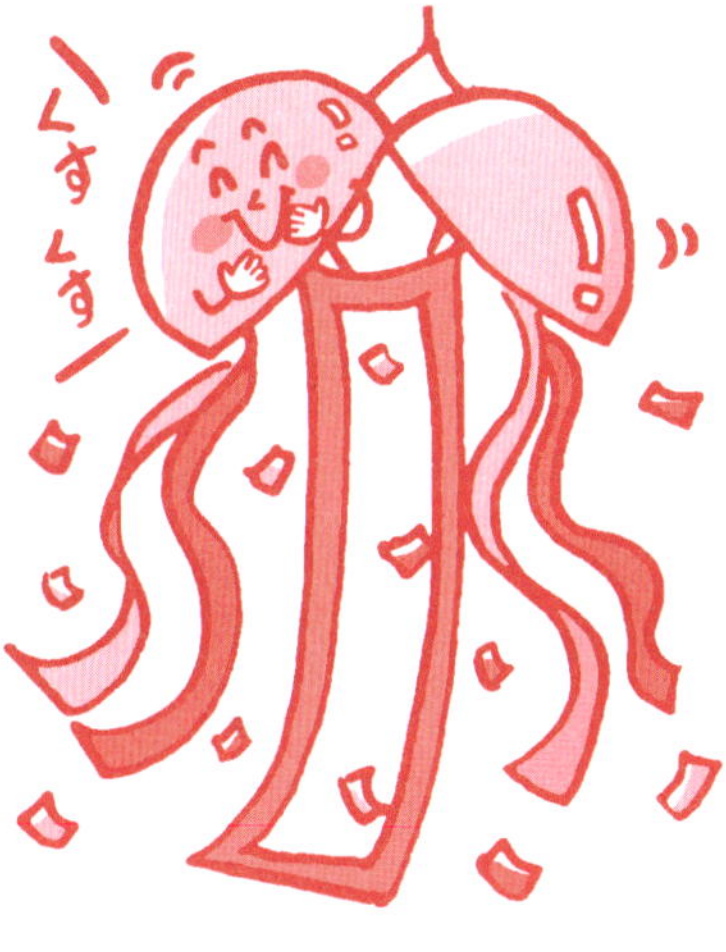

745

1から10の中《なか》で
たつことのできる数字《すうじ》は
いくつ?

むずかしい

746

ホコリがたまった
へやで　ほうきを
もっていたのに
はいてもはいても
きれいにならない
のは　どうして？

747

太《ふと》った人《ひと》から
点《てん》をとったら
どうなる？

252～253ページのこたえ

742	そっくり ……………… □	**743**	おはよう ……………… □
744	くす玉《だま》 ……………… □	**745**	2（ふたつ） ……………… □

朝《あさ》のあいさつは「おはよう」、昼《ひる》は「こんにちは」、夜《よる》は「こんばんは」、ねむるときは「おやすみなさい」。

おまけ めいろ

「あ、か、さ、た、な」のじゅんに文字《もじ》を通《とお》りながらゴールまで行《い》こう。ほかの文字《もじ》は通《とお》れないよ。

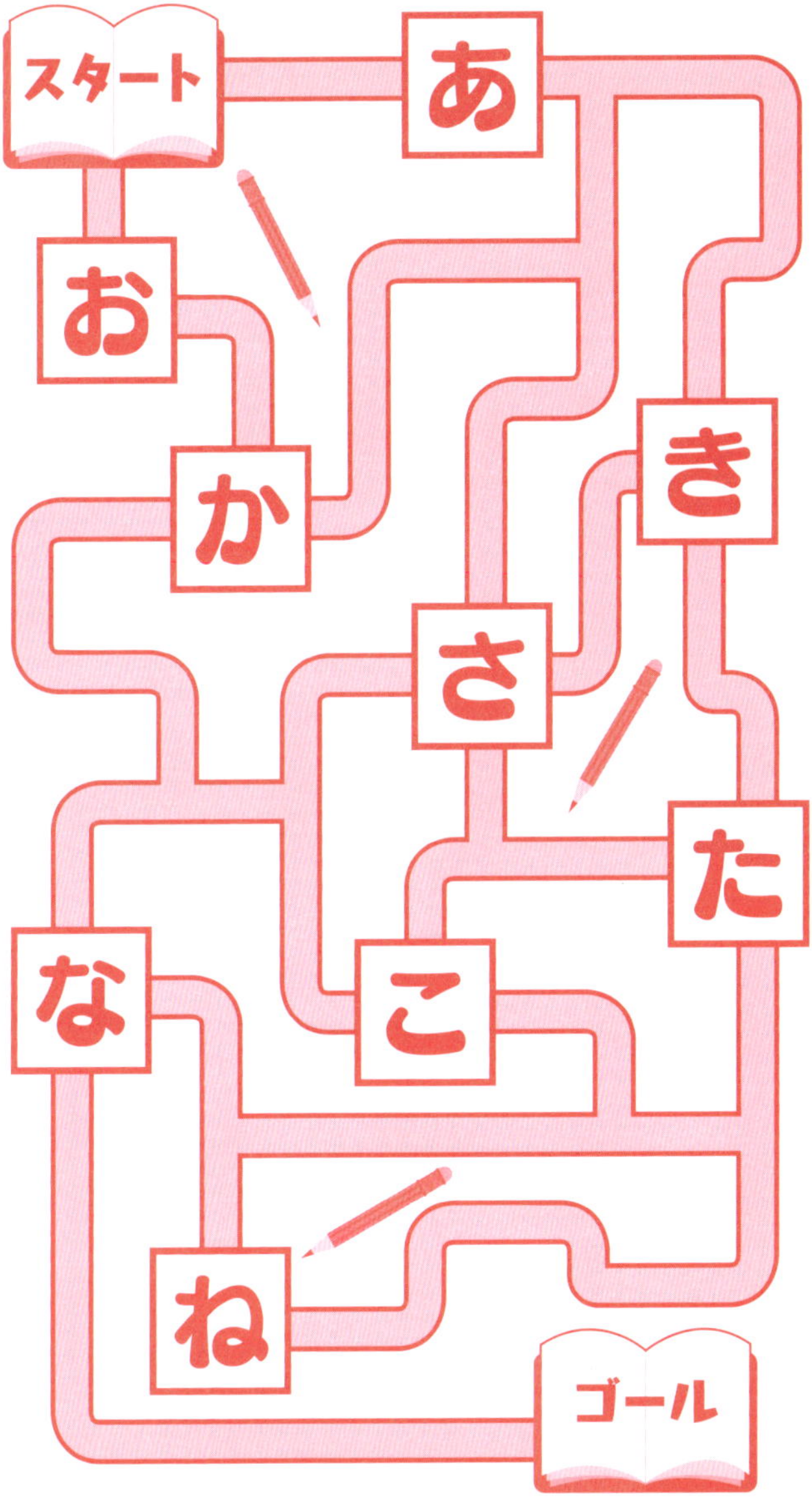

748

学《がっ》校《こう》できょう入《はい》ったへやは何《なに》室《しつ》?

749

見《み》えないけどきこえる色《いろ》ってどんな色《いろ》?

750

国《くに》の中《なか》にある丸《まる》いものってなに?

751

刀《かたな》の上《うえ》がつき出《で》たらなにになる?

254ページのこたえ

746 いきをはいていたから ……………… □
747 大《おお》きくなる ……………… □

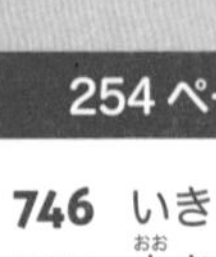

「太」というかん字《じ》から「、」をとれば「大《だい》」になる。「大《だい》」の右《みぎ》上《うえ》に「丶」をつければ「犬《いぬ》」になるぞ。

752

おちないけど
ふだんから
気《き》をつけている
がけって
どんながけ？

むずかしい

753

電《でん》気《き》などの
力《ちから》をつかって
はたらく
べんりなかいって
どんなかい？

754

食《た》べることが
できなくて
ものをはりつける
ときにつかう
細《ほそ》長《なが》いガムって
なーんだ？

755

わっかにした
ひもが
へんしんする
とりって
どんなとり？

756

大人《おとな》が
元《げん》気《き》なのに
まいにち行《い》く
いしゃって
どんないしゃ？

757

さようならのときに言《い》う「×2×2」ってなあに？

むずかしい

758

星《ほし》をながめている人《ひと》はどんなかっこうをしているかな？

256～257ページのこたえ

748	教室《きょうしつ》	□	749	音色《ねいろ》	□
750	玉《たま》	□	751	力《ちから》	□
752	心《こころ》がけ	□	753	きかい	□
754	ガムテープ	□	755	あやとり	□
756	会社《かいしゃ》	□			

きかいには電気《でんき》のほかに、ガソリンでうごくものや、風《かぜ》や水《みず》の力《ちから》でうごくものもあるんじゃ。

759

お昼《ひる》になったら
ふたつになる
数《すう》字《じ》はなーんだ？

むずかしい

760

「どう？」って
10回《かい》もきかれる
スポーツってなに？

761

朝《あさ》
おそい時《じ》間《かん》まで
ねていた
ぼうって
どんなぼう？

むずかしい

762

たいようが
出《で》ているときに
2つならぶ
数《すう》字《じ》ってなに？

763

「言《い》いなさい」と
めいれいする
ような
みんなが
すむばしょは？

ダジャレ

764

せかいで
いちばん
大《おお》きなきゅうって
どんなきゅう？

258～259ページのこたえ

757　バイバイ（×2のことを「ばい」というよ）……□
758　せいざ……□
759　5（ごご）……□
760　じゅうどう（10どう）…□

夜空《よぞら》の星《ほし》をむすんで形《かたち》をつくったのが「星座《せいざ》」で、88もあるぞ。「正座《せいざ》」はおぎょうぎのよいすわり方《かた》のひとつ。

765

6時《じ》の中《なか》に
かくれている
もうひとつの
じこくって
何《なん》時《じ》？

766

刀《かたな》の上《うえ》に
八《はち》をのせたら
なにになる？

767

「太《ふと》った
ふくろ」は
なにいろかな？

768

切《き》られたら
こまるのに
「切《き》って」という
手《て》紙《がみ》にはるものは
なに？

769

むずかしい

あたりは
あたりでも
みんなが
知《し》っている
あたりって？

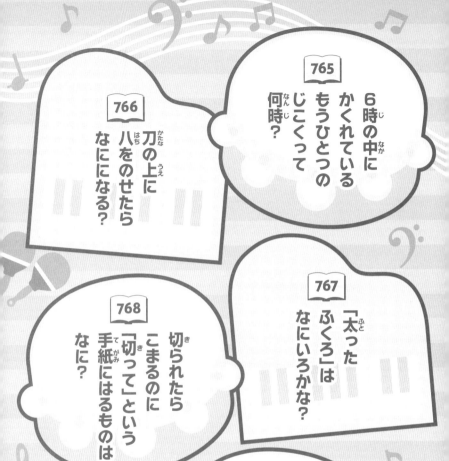

770

どんどん大《おお》きくなるちょうってなにちょう？

むずかしい

771

たたいて音《おと》を出《だ》すがっきでわれなくてもバリンというものな～んだ？

260～261ページのこたえ

761	ねぼう …………□	762	3（さんさん）…………□
763	家《いえ》（言《い》え）…………□	764	ちきゅう …………□
765	9時《じ》…………□	766	分《ふん》…………□
767	黒《くろ》（「ふくろ」から「ふ」をとるよ）…………□		
768	切《きっ》手《て》…………□	769	あたりまえ …………□

たいようの光《ひかり》がふりそそぐようすを「さんさん」という。たいようはえい語《こ》でも「サン（sun）」というぞ。

772

ひみつがある人《ひと》の
しごとは
どんなしごと？

むずかしい

773

夏《なつ》にあらわれる
かがよっぱらうのは
1週間《しゅうかん》のうち
いつでしょう？

ダジャレ

774

あっても「ない」というするどいはものってなに？

775

頭《あたま》に「しょうが」がのっている子《こ》が行《い》くところってどこ？

776

もうしているのに「どうかい？」と聞《き》かれる大人数《おおにんずう》ですることってなに？

777

1こでも1000こというけむりを出《だ》してだんだん小《ちい》さくなるものはなに？

ダジャレ

262～263ページのこたえ

770 せいちょう …………… □
771 タンバリン …………… □
772 かくしごと …………… □
773 火曜《かよう》（か・よう） …………… □

すくすくとそだつことを「せいちょう」という。体《からだ》だけでなく心《こころ》がそだつことも「せいちょう」というんじゃ。

778

上《うえ》の上《うえ》に
ある色《いろ》って
なに色《いろ》？

むずかしい

779

だれにでも
「かす」という
たたいて音《おと》を出《だ》す
がっきってなに？

780

絵《え》をかくときに
つかう
食《た》べられない
「ぐ」って
どんなぐ？

781

文字《もじ》がたくさん
書《か》いてある
上《うえ》から読《よ》んでも
下《した》から読《よ》んでも
同《おな》じ紙《かみ》ってなに？

782

すべてのものに
ついている
「まえ」って
なに？

783

色《いろ》の名《な》前《まえ》みたいな
おふろで
体《からだ》からおとす
よごれは
なんという？

784

いじわる

夏《なつ》のへいじつに
学《がっ》校《こう》に行《い》かないで
あそんでいたけれど
先《せん》生《せい》にも親《おや》にも
しかられなかったよ
どうして？

785

絵《え》本《ほん》のひょうしに
かくれている
2ひきの
どうぶつって
なにとなに？

786

ダジャレ

チューしたとき
口《くち》が
くさかった人《ひと》って
どんな人《ひと》？

264～265ページのこたえ

774	ナイフ	□	775	小《しょう》学《がっ》校《こう》	□
776	うんどう会《かい》	□	777	せんこう	□
778	あい色《いろ》（「あいうえお」で「うえ」の上《うえ》は「あい」だよ）	□			
779	カスタネット	□	780	絵《え》のぐ	□
781	新《しん》聞《ぶん》紙《し》	□	782	名《な》前《まえ》	□

カスタネットは木《き》のみを２つにわったような形《かたち》をしているがっきで、ようちえんや小《しょう》学《がっ》校《こう》にもあるな。

787

学校《がっこう》の中《なか》で
いつも「ろう」が
ついている
走《はし》っちゃいけない
ばしょってどこ？

788

ダジャレ

「きっとあれは
本《ほん》だろう」
と思《おも》ったという
本《ほん》がならんでいる
ばしょってどこ？

789

もんだいが
とけたときに
あらわれる
けつって
どんなけつ？

790

かいだんなどで
ころばないように
まもってくれる
手《て》でつかむすりって
なあに？

791

わらっちゃうとき
白《しろ》くなくても
「しろい」というのは
どうして？

792

むこうから
こちらへ
人《ひと》がやってきたよ
どのほうこうから
来《き》たかな？

いじわる

クイズ 793

「ある」と「ない」にならぶことばからこたえをかんがえてね。

ある
ドーナツ
五《ご》円《えん》玉《だま》
うきわ

ない
アイス
十《じゅう》円《えん》玉《だま》
ボート

これなあに？

クイズ 794

「ある」と「ない」にならぶことばからこたえをかんがえてね。

ある
えんぴつ
りんご
トイレットペーパー

ない
けしゴム
バナナ
ティッシュペーパー

これなあに？

266～267ページのこたえ

783	あか ……………………□	784	夏《なつ》休《やす》み中《ちゅう》だったから ……………□
785	ひょうと牛《うし》 …………□	786	中《ちゅう》学《がく》生《せい》（チューがくせい） ………□
787	ろうか ………………□	788	本《ほん》だな ……………………………………□
789	かいけつ ……………□	790	手《て》すり ……………………………………□
791	おもしろいから …□	792	北《きた》（むこうから「きた」から） …□

クイズ
795

つぎの４つのうち、
ひとつだけ
「なかまはずれ」があるよ。
どれかわかるかな？

クイズ
796

つぎの４つのうち、
ひとつだけ
「なかまはずれ」があるよ。
どれかわかるかな？

797

どんなに
きれいでも
おらないと
かんせいしない
紙《かみ》って
どんな紙《かみ》？

798

いじわる

かけ算《ざん》したら
15になる
すてちゃうもの
なーんだ？

799

あぶない
けんって
なにけん？

800

バスが
先頭《せんとう》にくる
ボールあそびは
なに？

268～269ページのこたえ

793 あな …………………… □　794 しん …………………… □
795 すずめ（こん虫《ちゅう》ではない）…………………… □
796 はがき（電《でん》気《き》をつかわない）…………………… □

「しん」は、ものの中心《ちゅうしん》にあるかたいところのことじゃ。りんごのしんは、かたくて食《た》べられないぞ。

ステージ 4

ごほうびクイズ

ステージ４のごほうびクイズはなぞなぞじゃ。下《した》の□をうめて、かんせいしたなぞなぞをとくのじゃ

694

□□のように

764

□□□□から見《み》える

リードルのなぞなぞ（210ページ）

□□□にかがやく

758

□□□を作《つく》るものは？

※こたえはひらがなで書《か》いてね。

このままだと
ぜんぜんわからないなあ

ステージ４のなぞなぞをとかないと、
このなぞなぞもとけません！

なぞなぞはとけたかな？
あせらず、ひとつずつうめていけば、
かならずとけるぞ。
こたえは「星《ほし》」じゃな。

こたえ

694
つきのように

764
ちきゅうから見《み》える

リードルのなぞなぞ（210ページ）
よぞらにかがやく

758
せいざを作《つく》るものは？

マークは「星《ほし》　★」ね！

マークはあと１つです！
さいごまでがんばりましょう！

270ページのこたえ

797 おり紙《がみ》……………… □	**798** ごみ（5×3=15）……… □
799 きけん ……………………… □	**800** バスケットボール ……… □

ステージ5

ふしぎなせかいのなぞなぞ

バサッ
バサッ
ド…ドラゴンだ〜!
おまえら よく来《き》たな!
よおっ!
えっ…?
ここまで来《く》るのも たいへんだっただろ 王《おう》さまの おしろは もうすぐだぞ!
う…うん ありがと
おれ パズルン! あそびや ふしぎな せかいの なぞなぞを 出《だ》すぞ よろしくな!
お…おう! よろしく!

いくぞ!!

かけるといっても国語《こくご》や算数《さんすう》ではつかわないなんでもできるものは?

書《か》いたりかけ算《ざん》をしたりするわけじゃないのね
なんでもできるなんてまほうみたいだなぁ
……

せいかい!

えっ?

「まほうをかける」っていうでしょ?

あっ!そうか!

まぁぐうぜんでもせいかいはせいかいだ
王《おう》さまのおしろはあっちだがんばれよ!王《おう》かんを見《み》つけるためのマークもわすれずにな!

うんありがとう!がんばるよ!

801

「ひひひ」と
わらってごまかす
本《ほん》当《とう》のことをいわないのって
なあに？

802

魚《さかな》はつれないけど
人《ひと》がたくさんいて
楽《たの》しいつりってなに？

803

数《かぞ》えきれないくらい多《おお》い
「3」ってどれくらい？

804

おならのさいごの音《おと》って
どんな音《おと》？

805

後《うし》ろの
はんたいにある
「え」って
どんな「え」？

806

いやな
においが
する人《ひと》って
なんさい？

ダジャレ

807

公園《こうえん》や
こうていで
ゆらゆら
ゆれているこって
どんなこ？

808

さかさにすると
丸《まる》くなる
のりものって
なに？

いじわる

276～277ページのこたえ

801	ひみつ……………………□	802	まつり……………………□
803	たくさん（たく3）………□	804	ラの音《おと》……………………□

ほかのだれかには教《おし》えない、ないしょのことがひみつ。
じぶんだけじゃなくて、友《とも》だちとのひみつもあるよな。

809

石《いし》とはさみと
紙《かみ》がたたかうよ
これなーんだ？

810

トランプの
ふだの中《なか》にある
キラキラした
ものってなに？

811

さいの中《なか》で
いちばんあたまの
いいさいって
どんなさい？

ダジャレ

812

いたいときに
なくて
うれしい
ときにある
こぶって
どんなこぶ？

813

とっても
おもいものが
もてる
力《ちから》の強《つよ》いもちって
どんなもち？

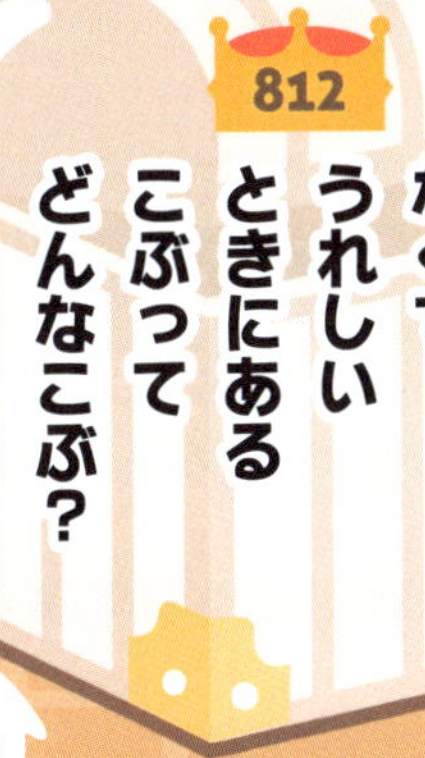

814
ダジャレ

すずがついて
いないけど
「ちりん」という
タイヤが1つ
ついている
のりものは
なあに？

815

ドーナツみたいな
形《かたち》をしているけれど
食《た》べられなくて
海《うみ》やプールでつかう
ものはなに？

816
いじわる

「このよ」の
おわりには
なにがあるかな？

817

電車《でんしゃ》が止《と》まる
「き」って
どんな「き」？

278～279ページのこたえ

805	前《まえ》	□	806	くさい	□
807	ブランコ	□	808	車《くるま》	□
809	じゃんけん	□	810	ダイヤ	□
811	天才《てんさい》	□	812	よろこぶ	□
813	力《ちから》もち	□			

生《う》まれたときからすごい力《ちから》をもっている人《ひと》のことを天才《てんさい》とよぶ。がんばって力《ちから》をみにつけた人《ひと》は「しゅう才《さい》」だな。

いじわる

818

お昼《ひる》に
あいさつした
日《ひ》は
いつも
なんにちに
なるの？

819

ふわふわして
かたくないかいって
どんなかい？

820

ダジャレ

ようじがあるのか
聞《き》いてくる
こわいものって
なに？

821

あいうえおの
中《なか》に
かくれて
いるのは
上《うえ》と下《した》
どっちかな？

822

かたが
丸《まる》くなると
どうなる
でしょう？

パズル 823

絵《え》の食《た》べものの名前《なまえ》をマスに入《い》れるとしりとりになるよ。

パズル 824

絵《え》のものの名前《なまえ》をマスに入《い》れるとしりとりになるよ。

280～281 ページのこたえ

814	いちりんしゃ	□	815	うきわ	□
816	よ	□	817	えき	□
818	こんにちは	□	819	やわらかい	□
820	ようかい	□	821	上《うえ》	□
822	かたまる	□			

パズル 825

つぎのことばは
どのなかまに入《はい》るかな？
正《ただ》しく点《てん》をつないでね。

ことば	なかま
のり	ぶんぼうぐ
シャツ	はきもの
ブーツ	ようふく

パズル 826

つぎのことばは
どのなかまに入《はい》るかな？
正《ただ》しく点《てん》をつないでね。

ことば	なかま
スキー	べんきょう
算《さん》数《すう》	スポーツ
トランプ	ゲーム

827

てんとうむしの
中《なか》にてんは
いくつある？

いじわる

828

1本《ぽん》しかなくても
せんという
電車《でんしゃ》が通《とお》る
道《みち》のことを
なんていうの？

829

うっかり
しっぱい
しちゃうのは
なんじ？

830

らっぱにはっぱが
くっついたら
とっても
広《ひろ》くなったよ
なにになった？

ダジャレ

282～283ページのこたえ

823 もも　もち　チーズ …… □

824 スカート　とけい　いす …… □

825
のり — ぶんぼうぐ
シャツ — ようふく
ブーツ — はきもの
…………………………………… □

826
スキー — スポーツ
算数《さんすう》 — べんきょう
トランプ — ゲーム
…………………………………… □

831

赤《あか》しんごうで
すすんでも
だれもおこらない
白《しろ》黒《くろ》の車《くるま》って
なーんだ？

832

たくさんの
人《ひと》たちをのせて
空《そら》をとぶ「き」
ってな～んだ？

833

ダジャレ

さいを見《み》つけた
ぬまは
ふかいかな？
ふかくないかな？

834

どんぐりの
頭《あたま》の音《おと》って
どんな音《おと》？

835

ビルの
点《てん》をとったら
いつになる？

836

まつりのとき
たくさんの人《ひと》が
かついでいる
こしってなに？

837

このよで
いちばん大《おお》きな
かいって
どんなかい？

838

いじわる

地上《ちじょう》にあっても
ちかという
行《い》きたいところに
すぐ行《い》ける道《みち》って
どんな道《みち》？

839

ほんとうのことを
いわないい人《ひと》の
つきって
どんなつき？

284～285ページのこたえ

827	1つ	□	828	せんろ	□
829	どじ	□	830	はらっぱ	□
831	パトカー	□	832	ひこうき	□
833	あさい（あ、さい）	□	834	ドの音《おと》	□
835	昼《ひる》	□			

ばかばかしい、まぬけな、ちょっとしたしっぱいが「どじ」。
「どじをふむ」「どじな人《ひと》」というぞ。

840

雪《ゆき》を
1000こつかう
冬《ふゆ》のあそびって
なに？

ダジャレ

841

みんなの体《からだ》の
まわりにあって
はなや口《くち》から
出《で》たり入《はい》ったり
するもの
なーんだ？

842

北《きた》を
ひっくり
かえしたら
ながれてきた
ものはなあに？

843

公園《こうえん》にある
木《き》が生《は》えていない
ジャングルって
なに？

844

秋《あき》じゃなく
冬《ふゆ》にやってくる
くりってなに？

845

この本《ほん》のうらとおもてでおもいのはどっち？

ダジャレ

846

目玉《めだま》が3つあって色《いろ》がかわるみんなのあんぜんをまもってくれているものはなに？

286～287ページのこたえ

836	みこし	□	837	せかい	□
838	近道《ちかみち》	□	839	うそつき	□
840	雪《ゆき》がっせん	□	841	空気《くうき》	□
842	たき	□	843	ジャングルジム	□
844	クリスマス	□			

ジャングルジムには金《きん》ぞくのパイプや木《き》でできたものがあるぞ。あそぶときには気《き》をつけような。

847

クリスマスイブの夜《よる》に
くろうしている人《ひと》って
だーれだ？

848

1年《ねん》に1回《かい》
夏《なつ》にしかない「たな」って
どんなたな？

849

おきているときに見《み》られなくてねているときに見《み》るものはなに？

850

たったりながれたりするけどすわることができない目《め》に見《み》えないものはなあに？

むずかしい

288～289ページのこたえ

845 おもて（おもてー）……☐　846 しんごうき……………☐

847 サンタクロース（サンタくろうす）…☐　848 たなばた ……☐

たなばたのおりひめ星《ほし》はことざのベガ、ひこ星《ほし》はわしざのアルタイル。天気《てんき》がよければ見《み》られるかもな。

おまけ

まちがいさがし

上《うえ》の絵《え》と下《した》の絵《え》のちがうところを5つみつけてね。

851

いじわる

まけといっても
なにかもらえて
うれしい
まけって
なーんだ？

852

車《くるま》の外《そと》がわに
4ついている
イヤなものって
なに？

853

人《ひと》がのって
走《はし》れるじてんって
どんなじてん？

854

おどろいた
ときに
あらわれる
くりって
なに？

290ページのこたえ

849 ゆめ …………………… □　850 時間《じかん》 …………………… □

時間《じかん》は見《み》えないけど、たんいで分《わ》けられるぞ。1分《ぷん》は60びょう、1時間《じかん》は60分《ぷん》、1日《にち》は24時間《じかん》だ。

855

ダジャレ

かさが2つ
ならんで
いるところは
ぬれて
いるかな？
かわいて
いるかな？

856

いじわる

まんがを
ずっと声《こえ》に出《だ》して
読《よ》んでいると
なにになる？

857

もりはもりでも
はい色《いろ》の
どんよりした
もりは？

858

新《あたら》しく
なにかが
おこる
まりって
どんなまり？

859

花《はな》は花《はな》でも
光《ひか》って
きえちゃう
花《はな》ってなに？

クイズ 860

くっつきクイズだよ。

語《ご》　王《おう》　道《どう》

にはくっつくけど、

話《はなし》　女王《じょおう》　川《かわ》

にはくっつかない。

これなあに？

クイズ 861

くっつきクイズだよ。

絵《え》　手《て》　気《き》

にはくっつくけど、

文字《もじ》　足《あし》　頭《あたま》

にはくっつかない。

これなあに？

292～293ページのこたえ

851　おまけ …………………… □
852　タイヤ …………………… □
853　じてん車《しゃ》 …………………… □
854　びっくり …………………… □
855　かわいている（かさかさだから） …………………… □
856　がまん …………………… □
857　くもり …………………… □
858　はじまり …………………… □
859　花火《はなび》 …………………… □

クイズ 862

あんごうのかいどくに
ちょうせん!
なんといっているか
わかるかな?
ヒントは「けとばす」だよ。

こけのけ
けもけんだけいが
けでけきたけら
けてんけけさけい!

クイズ 863

あんごうのかいどくに
ちょうせん!
なんといっているか
わかるかな?
ヒントは「しゃぼんだまを
とばそう」だよ。

しゃよぼくんだ
わまかっんぼたねしゃ
だきましゃみぼの
んかだちましゃ!

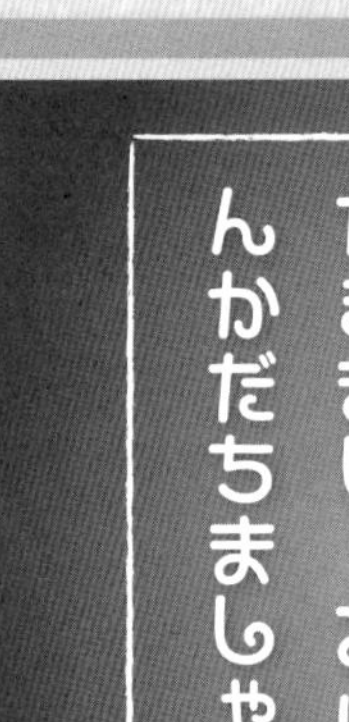

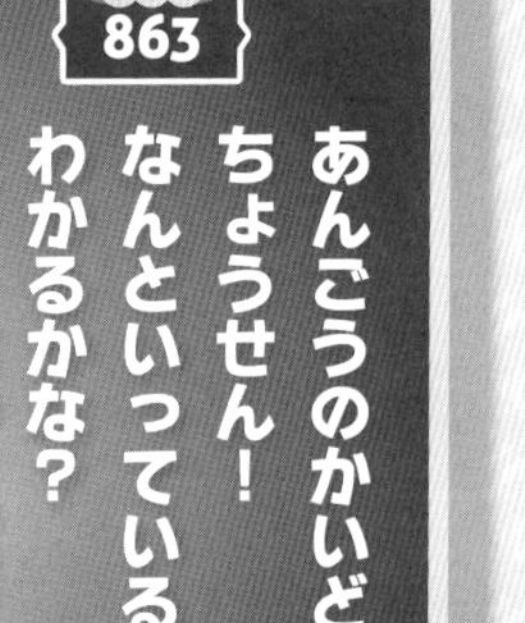

864

ダジャレ

くりをおゆに
入《い》れるときは
どんなふうに
入《い》れる？

865

5日《いつか》より長《なが》くて
10日《とおか》よりみじかい
うちにおわる
しゅうかんって
なあに？

866

ものは作《つく》らないけど
ひこうきが
たくさんある
こうじょうって
どんなこうじょう？

867

いじわる

ふうせんに
入《い》れるのは空気《くうき》
うきわに
入《はい》るのはなに？

294～295ページのこたえ

860 国《こく》 …………□　　861 本《ほん》 …………□

862 このもんだいができたら天才《てんさい》！ …………□

863 よくわかったね　きみのかち！ …………□

「本《ほん》」には、絵本《えほん》のような本《ほん》といういみのほかに、「もと」や「はじまり」、「心《こころ》からの」といういみもあるぞ。

868

「なにか用《よう》か？」
といわれたのは
1か月《げつ》のうち
いつ？

ダジャレ

869

紙《かみ》をもやして
「もうもえた？」
と聞《き》いたら
へんじがきたよ
なんていった？

870

食《た》べられない
古《ふる》いかしって
どんなかし？

いじわる

871

走《はし》っている車《くるま》が
もらえないけど
あげることが
できるものなに？

872

くまはくまでも
とってもこわい
くうそうの
生《い》きものの
くまってなに？

873

つまらない
くつって
どんなくつ?

874

刀《かたな》をもっている
むらって
どんなむら?

296～297ページのこたえ

864	ゆっくり入《い》れる ………… □	865	1週間《しゅうかん》 ………………… □
866	ひこうじょう ………… □	867	人間《にんげん》（人《ひと》）………………… □
868	八日《ようか》（用《よう》か？）………… □	869	はい ………………………… □
870	むかし ……………………… □	871	スピード ………………… □
872	あくま ……………………… □		

「はい」はものがもえたあとにのこる、白《しろ》くてかるい、こなのようなもの。もちろんへんじはしないけどな。

875

まるで
おこっているような
船《ふね》についている
ものってなに？

876

やぶっても
ビリビリにならないけど
やぶったら人《ひと》に
いやがられるものなーんだ？

877

手《て》に「す」がつく
ラケットと
ボールをつかう
スポーツって
なに？

878

「にじかんご」って
なんじ？

いじわる

879

いいことが
あったときに
あらわれる
ますって
どんなます？

880

日本《にっぽん》の人《ひと》は
男《おとこ》も女《おんな》も日本人《にっぽんじん》
女《おんな》の人《ひと》がうつくしく
生《う》まれたら
なにじん？

298～299ページのこたえ

873	たいくつ……………… □	874	さむらい……………… □
875	いかり……………… □	876	やくそく……………… □

いかりは、船《ふね》をとめておくときになみにながされないよう、くさりなどにつけて水《みず》のそこにしずめておくおもり。

881

いかが
かくれているのは
1か月《げっ》のうち
いつ？

むずかしい

882

ピンが
9本《ほん》あるよ
何《なに》色《いろ》のピンかな？

ダジャレ

883

ねむっているのに
ことばを
話《はな》しているのは
どうして？

いじわる

884

においがしなくても
くさいという
しなくちゃ
いけないことを
いやがることを
なんという？

885

「よっ！」て
いいながらのる
のりものって
なに？

ダジャレ

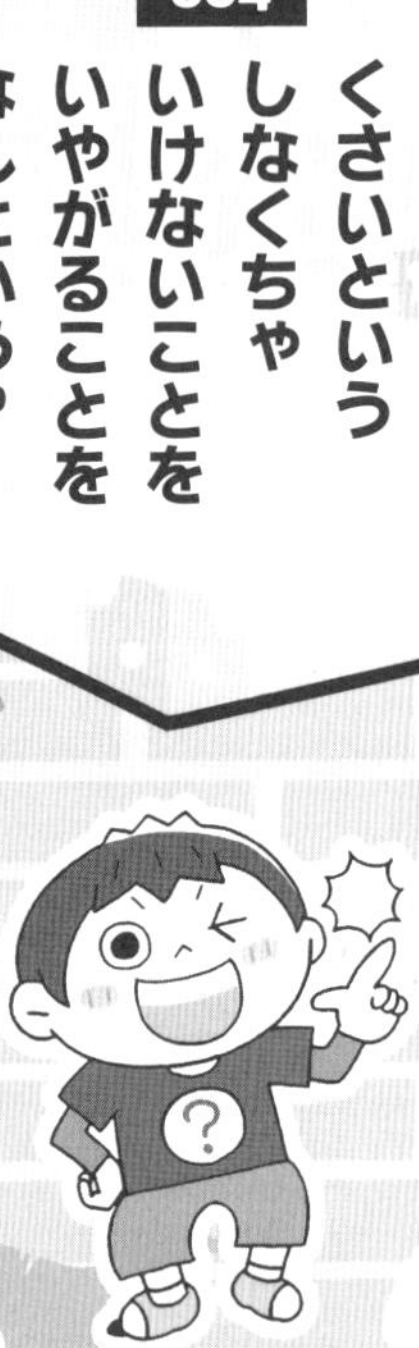

886

りっぱで大《おお》きなやしきでも入《はい》りたくなくなるのはどんなやしき？

887

ダジャレ

おもしろいかいってどんなかいかい？

888

どくはどくでもせいけつにしてくれるどくってどんなどく？

889

むずかしい

つぶしてもつぶしても小《ちい》さくなったりへこんだりこわれたりしない「ま」ってなに？

300〜301ページのこたえ

877 テニス …… □	**878** ごじ（5字《じ》）…… □
879 おめでとうございます …… □	**880** びじん …… □
881 六日《むいか》（む＋いか）…… □	**882** ピンク（ピン9）…… □
883 ねごとをいっているから …… □	
884 めんどうくさい …… □	**885** ヨット …… □

「六日」と書《か》いて「むいか」と読《よ》むぞ。「一日」は「ついたち」「二日」は「ふつか」だからおぼえような。

890

さわると
あたたかい
いろって
なにいろ？

891

いじわる

まんいん電車《でんしゃ》でも
いつもすわれる
人《ひと》ってだれ？

892

赤《あか》しんごうですすんでも
交通《こうつう》いはんにならない
かじのときに
かつやくする
赤《あか》い車《くるま》ってなあに？

893

お金《かね》をたくさん
もっているけど
食《た》べられない
もちって
どんなもち？

894

ダジャレ

1こしか
なくても
1000こ
あるという
小《ちい》さくて
きれいな
花火《はなび》って
どんな花火《はなび》？

895

ほかに
だれもいない
ときにあらわれる
とりって
どんなとり？

896

きょうから
365日《にち》後《ご》って
何《なん》年《ねん》でしょう？

302 ～ 303 ページのこたえ

886	おばけやしき	□	887	ゆかい	□
888	しょうどく	□	889	ひま	□
890	かいろ	□	891	うんてんし	□
892	しょうぼうじどう車《しゃ》	□	893	お金《かね》もち	□
894	せんこう花《はな》火《び》	□			

きもちよくて、たのしいきもちのことを「ゆかい」というぞ。
そのはんたいは「ふゆかい」や「ふかい」だ。

897

山《やま》で大《おお》きな声《こえ》でさけんだら
同《おな》じことばを
かえしてくれるこって
どんなこ?

898

てきはてきでも
あこがれるてきって
どんなてき?

899

ちゃんとあっても
からという
かいぞくが大《だい》すきな
かちがあるものって
なに？

900

きれいなものを
見《み》たとき
あらわれるとりって
どんなとり？

ダジャレ

304～305ページのこたえ

895	ひとり …………………… □	896	来年《らいねん》 …………………… □
897	やまびこ …………………… □	898	すてき …………………… □

つぎの年《とし》のことを「来年《らいねん》」とよぶ。1年《ねん》は12か月《げつ》で、365日《にち》。うるう年《どし》は1日多《にちおお》くて366日《にち》になる。

おまけ 数《かぞ》えよう

上《うえ》と同《おな》じ風《ふう》船《せん》の数《かず》を数《かぞ》えてね。
絵《え》の中《なか》にいくつあるかな？

901

すなはすなでも
まっすぐで
人《ひと》のいうことを聞《き》く
すなって
どんなすな？

902

日本《にほん》に
むかしからある
そこに
すみたくなっちゃう
きょうぎってなに？

903

ダジャレ

だれもいなくても
サッカーボールが
かってに
ころがっちゃう道《みち》
ってどんな道《みち》？

904

夜《よる》
ねむるときに
あらわれるさいって
どんなさい？

306ページのこたえ

899 たから ……………………… □　**900** うっとり ……………………… □

きれいなものやすばらしいものを見《み》たときに、ぼうっとしてしまうようすを「うっとり」というぞ。

905
いじわる
あいさつを
してくる
おばけは
なにや？

906
ダジャレ
わるい
おみくじを
引《ひ》いたのはいつ？

907
ダジャレ
くりがおちていて
もとのばしょに
かえしたよ
1どかな？
なんどもかな？

908
まん中《なか》に
かんが
入《はい》っている
とってもはやい
電車《でんしゃ》はなに？

909
むずかしい
きかんしゃの
頭《あたま》をとったら
人《ひと》はどうするの？

910

交番《こうばん》まで
行《い》くとき
近道《ちかみち》と遠回《とおまわ》りの
どっちがとちゅうで
けいさつかんに
会《あ》えるの？

911

とっても
だいじなたいって
どんなたい？

912

海《うみ》じゃなくて
花《はな》がさいている
ときにする
なみって
なーんだ？

ダジャレ

913

「うまのうがい」は
いつする？

308～309ページのこたえ

901	すなお ……………………□	902	すもう ……………………□
903	さかみち …………………□	904	おやすみなさい …………□
905	うらめしや ………………□	906	きょう ……………………□
907	なんども（「くり・かえした」から）……………□		
908	しんかんせん ……………□	909	かんしゃする ……………□

おみくじに書《か》いてある「吉《きち》」はいいこと、「凶《きょう》」はよくないことの知《し》らせ。うらないのひとつだな。

914

魚《さかな》はつれないけど
人形《にんぎょう》をかざって
あられを食《た》べる
3月《がつ》3日《か》にやる
つりって
なーんだ？

915

ただ立《た》って
いるだけで
上《うえ》や下《した》に行《い》ける
かいだんって
なーんだ？

むずかしい

916

だれかに
だきしめて
もらっているこは
どんなこ？

917

1年《ねん》のさいごに
やってくる
おおきなみそって
なあに？

918

カラが2つ
ころがっている
ところに
お水《みず》は
いっぱいある？
ちっともない？

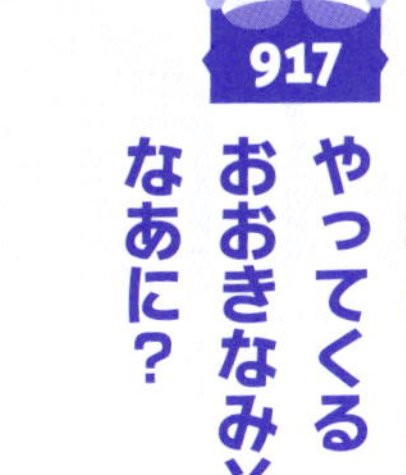

パズル 919

かん字《じ》を足《た》し算《ざん》すると
ほかのかん字《じ》が
できるよ。

言

千

口

足《た》すとなにになる？

パズル 920

かん字《じ》を足《た》し算《ざん》すると
ほかのかん字《じ》が
できるよ。

日

土

寸

足《た》すとなにになる？

310～311 ページのこたえ

910	遠《とお》回《まわ》り（おまわりさん）………… □	911	大《たい》切《せつ》…………………… □
912	花《はな》見《み》…………………………………… □	913	今《いま》………………………… □
914	ひなまつり ………………………… □	915	エスカレーター … □
916	だっこ ……………………………… □	917	おおみそか ………… □
918	ちっともない（カラカラだから）……………………………………… □		

パズル 921

①から③を読《よ》んでクロスワードをといてね。

① しおのようにつぶが小《ちい》さくてあまいちょうみりょう

② 火《ひ》をとおさない魚《さかな》を小《ちい》さく切《き》った食《た》べもの

③ 耳《みみ》のそうじをするときにつかう小《ちい》さなスプーンみたいなもの

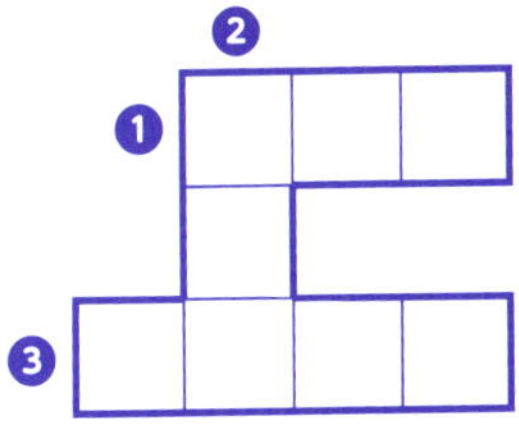

※マスに入《い》れることばは、ひらがなで書《か》いてね。

パズル 922

①から③を読《よ》んでクロスワードをといてね。

① 日《に》本《ほん》語《ご》でいうと「心《こころ》」や「しんぞう」といういみのえい語《ご》

② はなをぶつけたときなどに出《で》てくるちのこと

③ 体《からだ》が細《ほそ》長《なが》くて目《め》が大《おお》きい4まいの羽《はね》をもつ虫《むし》

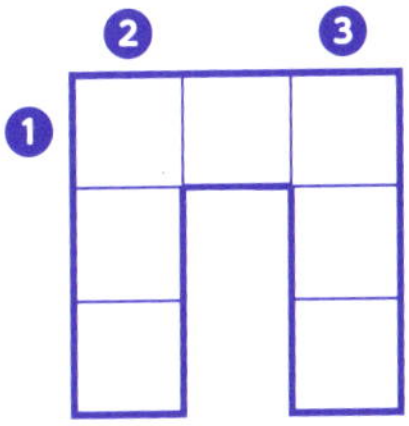

※マスに入《い》れることばは、ひらがなで書《か》いてね。

923

電車《でんしゃ》の中《なか》で
立《た》っている人《ひと》が
つかまる
かわって
どんなかわ？

924

のることはできるけど
おりることはできない
いいときだけのれる
うしってなに？

むずかしい

925

どうろの
まん中《なか》を
かくしたら
なにになる？

926

じてん車《しゃ》や
車《くるま》を
止《と》めてくれる
「き」って
なぁに？

312～313ページのこたえ

919 話《はなし》……□

920 時《とき》……□

921

		②		
①		さ	と	う
		し		
③	み	み	か	き

……□

922

	②		③
①	は	ー	と
	な		ん
	ぢ		ぼ

……□

927

公園《こうえん》のじめんを
かってにほって
なにかを作《つく》っても
しかられません
でした
どうして？

いじわる

928

丸《まる》くてもせんという
空気《くうき》が入《はい》っている
ふわふわうかぶもの
なーんだ？

929

はじめて
会《あ》った人《ひと》のまえで
はずかしがっていると
出《で》てくるしりって
どんなしり？

むずかしい

930

あやまる
ときに
あらわれる
すみって
なに？

931

とっても
みじかい時間《じかん》の
町《まち》って
どんなまち？

むずかしい

932

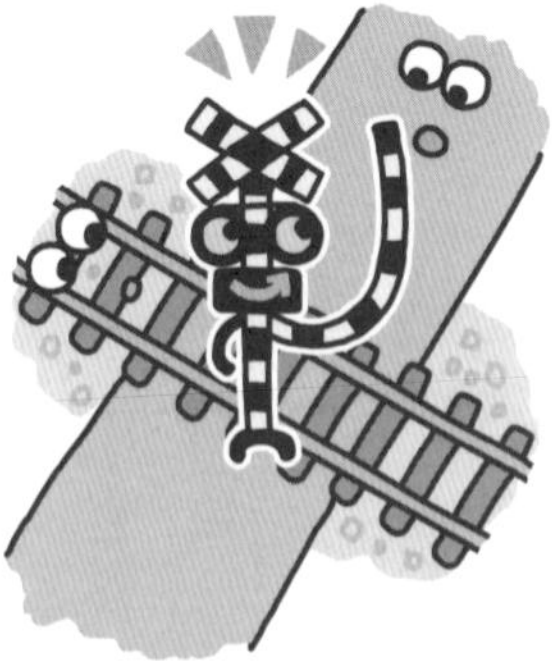

せんろとどうろが
ぶつかる
ところにある
黄《き》色《いろ》と黒《くろ》の
きりってなあに？

933

明《あ》かりが
ひとつもない
さわれない
くらって
どんなくら？

むずかしい

314～315ページのこたえ

923	つりかわ	□
924	ちょうし	□
925	どろ	□
926	ブレーキ	□
927	すな場《ば》だったから	□
928	風船《ふうせん》	□
929	人《ひと》見《み》知《し》り	□
930	すみません	□
931	たちまち	□

あっというまにすぎてしまうような、とてもみじかい時間《じかん》のことを「たちまち」というんだ。

934

けんかはけんかでも
知《し》らないばしょに行《い》って
ぼうとたたかう
けんかってなに？

935

「す」をつけたら
楽《たの》しそうに
はねるものはなに？

936

ついてもついても
くっつかなくて
つけばつくほど
しんじてもらえない
ものってなぁに？

937

とじた
たからばこがあるよ
どんなにあけても
時間《じかん》がすぎるだけで
なかみが出《だ》せないよ
どうしてかな？

いじわる

938

もちはもちでも
おなかじゃなくて
心《こころ》にあるもちって
なに？

939

センスが
よくないという
海《うみ》にもぐってしまう
ものってなに？

ダジャレ

316～317ページのこたえ

932 ふみきり……………□　**933** まっくら……………□
934 ぼうけん家《か》……………□　**935** きっぷ（ス・キップ）……□

ふみきりの黄色《きいろ》と黒《くろ》はきけんをつたえる色《いろ》。ふみきりがおりてきたら、電車《でんしゃ》が通《とお》りすぎるまでまつんだぞ。

940

みんなが
心《こころ》にもっている
つよくなれる
「き」って
どんな「き」？

941

ダジャレ

おもしが6こ
ひつようなのに
たりないときって
どんなとき？

942

むずかしい

くばるといっても
人《ひと》にはくばらなくて
自分《じぶん》のものに
しようとすることを
なんていうの？

943

そのばしょで
上《あ》がったり
下《さ》がったりする
1人《ひとり》ではうごかない
あそびどうぐは？

944

むずかしい

ふつうでは
考《かんが》えられない
のめないお茶《ちゃ》って
どんなお茶《ちゃ》？

945

あるのに
ないという
ものを大切《たいせつ》に
つかうことを
なんていう？

946

むずかしい

20さいになった
人《ひと》って
どんな人《ひと》たち？

947

ダジャレ

南《みなみ》や東《ひがし》や西《にし》の
ほうしか
ないへやは
どうなっている？

948

秋《あき》の夜《よる》
きれいな
まんげつを
ながめるきみって
なーんだ？

318～319ページのこたえ

936	うそ ……………… □	**937**	夜《よ》が明《あ》けただけだから ……………… □
938	きもち ……………… □	**939**	せんすいかん（センスいかん） … □
940	ゆうき ……………… □	**941**	おもしろくないとき ……………… □
942	よくばる ……………… □	**943**	シーソー ……………… □
944	むちゃ ……………… □		

せんすいかんは海《うみ》の中《なか》にもぐれる船《ふね》。「センス（sense）」はえい語《ご》でものをかんじる心《こころ》のことだ。

949

きつねが
いやがるのは
きょうの
いつごろ
でしょう？

ダジャレ

950

わらったときに
出《で》てくる数《かず》って
なんこ？

951

いたくなくても
いたいという
たたかいに
行《い》く人《ひと》を
なんていう？

952

どうろで車《くるま》が
すすまないとき
赤《あか》い魚《さかな》が
10ぴきいたよ
どうなって
いるのかな？

953

ものを
かえしたけど
もとのばしょに
あるままだったよ
どうして？

いじわる

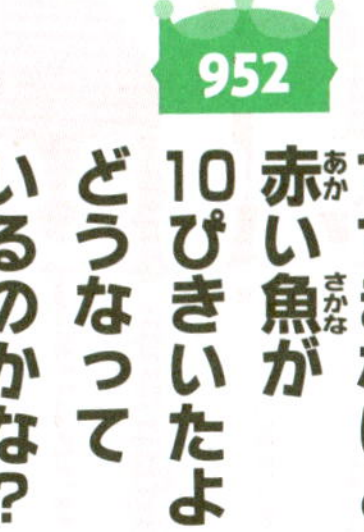

954

やさしいことばを
かけているのに
どんどん
はげてしまう
というのはなに？

955

雨《あめ》がきゅうに
ふったとき
雨《あめ》があがるまで
やねの下《した》で
まっているとり
ってどんなとり？

320～321ページのこたえ

945 もったいない …… □
946 はたち …… □
947 きたなくなっている（北《きた》ない） …… □
948 月《つき》見《み》 …… □
949 今《こん》夜《や》（コン＋いや→こんや） …… □
950 2こ（にこ） …… □
951 へいたい …… □
952 じゅうたい …… □
953 ひっくりかえしただけだから …… □

「二十歳」と書《か》いて「はたち」と読《よ》む。とくべつな読《よ》み方《かた》だからおぼえておこうな。

956

なにかに
気《き》をつけている人《ひと》は
なにじん？

むずかしい

957

馬《うま》のレースがはじまったよ！
トップを走《はし》っている馬《うま》は
なんとうかな？

いじわる

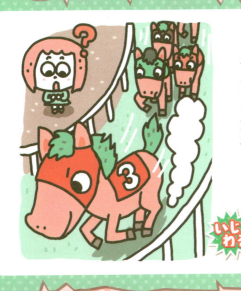

958

ゆきで作《つく》るから
春《はる》にはなくなっちゃう
大《おお》きなまくらって
どんなまくら？

959

いっしょうけんめい
なにかをする人《ひと》が
もっている
ほんとの「き」って
どんな「き」？

322～323ページのこたえ

954	はげます □	955	雨《あま》やどり □
956	用心《ようじん》 □	957	せんとう □

「用心《ようじん》」は気《き》をつけること。かじにならないように気《き》をつけるのは「火《ひ》の用心《ようじん》」だな。

おまけ

めいろ

おばけのいる道《みち》を通《とお》らないようにしてゴールまで行《い》こう。
おばけにつかまらずにゴールできるかな？

960

ひこうきじゃ
ないのに
空《そら》をとべる
頭《あたま》の上《うえ》で
なにかが
回《まわ》っている
ものはなに？

961

あやまるときに
5つ出《で》てくる
めんって
どんなめん？

962

「今月《こんげつ》のいつか
会《あ》おう」といわれて
5日《いつか》に行《い》ったけど
会《あ》えなかったのは
なぜ？

いじわる

963

かつらを
かぶって
いる人《ひと》が
しょうぶを
したら
どうなる？

ダジャレ

324ページのこたえ

958 かまくら…………□　959 本気《ほんき》…………□

かまくらは、雪《ゆき》でできた小《ちい》さな家《いえ》だ。雪《ゆき》をたくさんあつめて大《おお》きな山《やま》にして、中《なか》をくりぬいて作《つく》るぞ。

ダジャレ

964

よくねむって
いるときに
あらわれる
なにも
ぬすまない
すりってなに？

むずかしい

965

かゆくなくても
あつくなくても
かいちゃう
かいたら顔《かお》が
赤《あか》くなるのは？

いじわる

966

だれもいない
トイレのドアが
あいたりひらいたり
しているのは
どうして？

967

歩《ある》いて行《い》ける
学校《がっこう》じゃなくて
遠《とお》くに行《い》ける
こうって
なに？

968

おもさが
なくても
「おもい」という
頭《あたま》の中《なか》にある
おもいって
なに？

969

いつもみんなの
せなかのほうに
あるしろって
どんなしろ？

970

むずかしい

トマトにかくれて
ねらわれている
ものってなに？

971

びっくりするほど
大《おお》きい人《ひと》は
なにじん？

972

どんなに
たくさんきいても
ききめがない
ものってなに？

973

いじわる

なにかの
中《なか》のほうにある
かわは
なにがわ？

326～327ページのこたえ

960 ヘリコプター……□　**961** ごめん……□
962 いつかは「いつの日《ひ》か」ということだったから……□
963 かつ（ら）……□　**964** ぐっすり……□　**965** はじ……□
966 ずっとあいているから（「あく」と「ひらく」は同《おな》じだよ）……□
967 りょこう……□　**968** 思《おも》い出《で》……□　**969** 後《うし》ろ……□

いつもいるところからはなれて、ほかのばしょに行《い》くのが「りょこう」。遠《えん》足《そく》も「りょこう」のひとつだな。

ステージ 5

ごほうびクイズ

さいごのごほうびクイズだぞ。リストにあるなぞなぞのこたえを出《だ》して、☆から★まで、ひらがなをじゅんばんにつないでいくと、マークがうかび上《あ》がるぞ！

リスト

パズルンのなぞなぞ
(275ページ)

- 874
- 877
- 886
- 923
- 946
- 961

※こたえはすべてひらがなでつなげるよ。

かんけいのない文字《もじ》も入《はい》っています！

なにが出《で》てくるのかしら？

なにが出《で》るかはおたのしみだ！

きちんとつなげたか？
かんけいのない文字《もじ》もあるから
むずかしかったかな？
こたえは「スペード」だぞ。

こたえ

パズルンのなぞなぞ　まほう

- 874　さむらい
- 877　テニス
- 886　おばけやしき
- 923　つりかわ
- 946　はたち
- 961　ごめん

さいごのマークは「スペード　♠」だ！

さあ、王《おう》さまのおしろへ
まいりましょう！

328ページのこたえ

970　まと ……………… □
971　きょじん ……………… □
972　音《おと》 ……………… □
973　内《うち》がわ ……………… □

ファイナルステージ

ちょっとむずかしいなぞなぞ

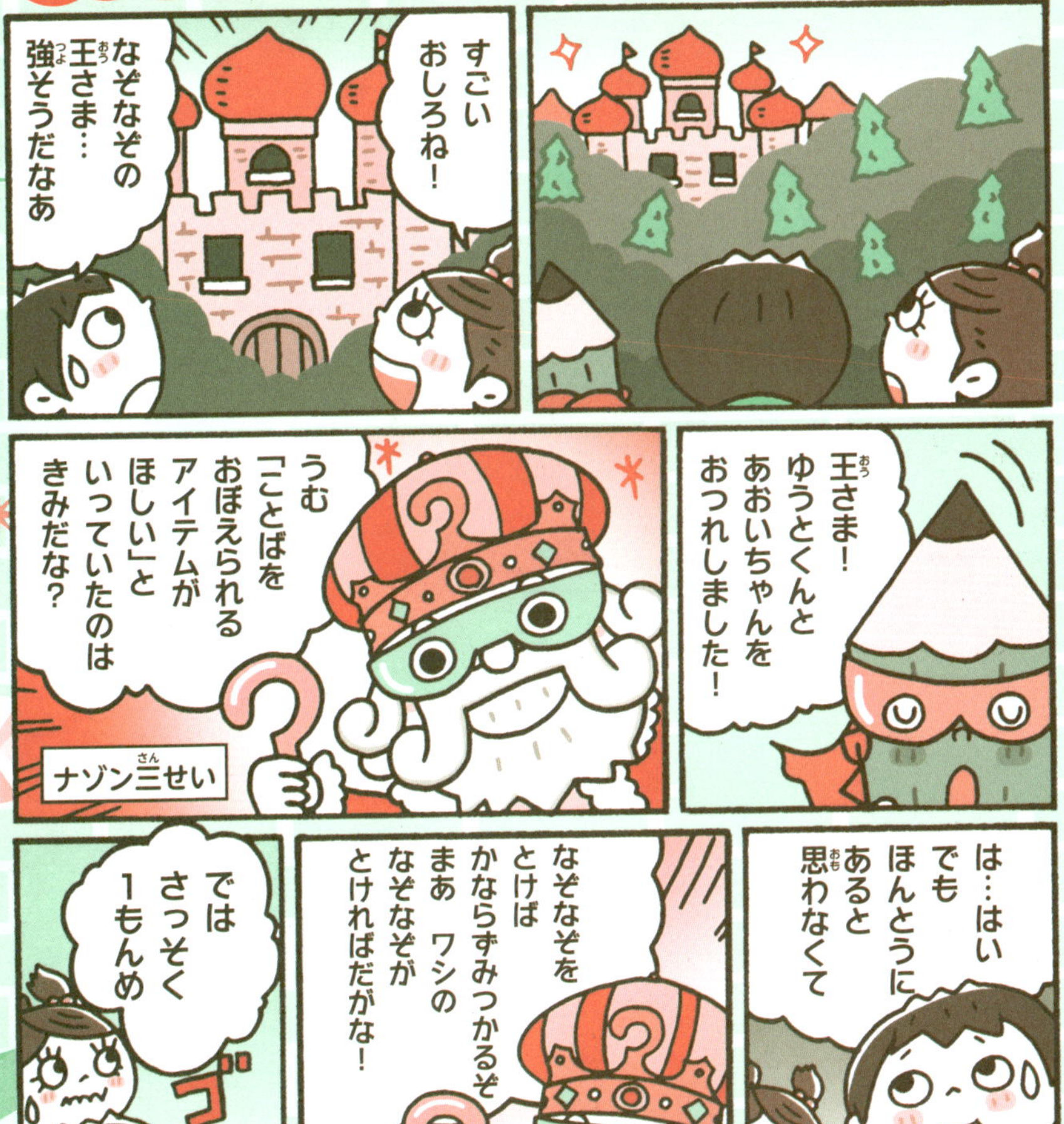

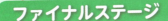

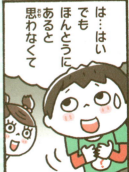

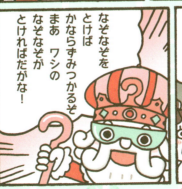

たからを
からにして
タオルをおる
これは
なんの
しわざかな？
たからを
からに…？
タオルを
おる…??
ぜんぜん
わからないや…
!?
まって　文字《もじ》を
よく見《み》たら
わかりそうだわ！
ピクリ
「たから」が
「から」に
なって
「タオル」が
「おる」だから…
たから
←
から
←
タオル
←
おる
「た」をぬいたのね
たぬき
だわ！
ぐぬぬ…
せいかいだ！
すぐにわかって
しまうとは…

まだだぞ もう1もん！
本《ほん》の さいごの ページは なんまいに なる？
えっ？ なんまい？
さいごの ページだから 1まいよね…？
うしし！ どうだ とけない だろう！
さいごの ページ ですよ！
ヒソ ヒソ
さいごって ことは おわりって ことだろ？
おわり だから…
！
おしまい！！
うっ…
せ… せいかいだ！
さあ 王《おう》かんを さがしに 行《い》きましょう！

974

お店《みせ》でふくろに入《はい》って
売《う》っているクッキーは
なんまい？

いじわる

975

アルファベットで
いちばん
えらいのはどれ？

976

さくらを3回《かい》
見《み》に行《い》ったけど
さいていなかったよ
なんかいなら　いいの?

977

本《ほん》やざっしについている
おまけで　1つしかなくても
「ろく」というものはなに?

978

1年生《ねんせい》は「い」
2年生《ねんせい》と3年生《ねんせい》は「ね」
4年生《ねんせい》は「せ」
5年生《ねんせい》は「い」
では6年生《ねんせい》は？

むずかしい

979

オスのかえるが
2ひき
メスのかえるが
2ひきいるよ
おとなのかえるは
なんびきいる？

いじわる

980

あしたのつぎに
やってくるあさは
どんなあさ？

むずかしい

981

とっても
うつくしい
「れいい」って
どんなれい？

334〜335ページのこたえ

974	あまい……□	975	O《オウ》（「王《おう》」さまだから）……□
976	まんかい……□	977	ふろく……□

アルファベットは 26 もじあるぞ。ひらがなのはんぶんくらいじゃな。「O」は「オウ」と読《よ》むんだ。

982

いじわる

200円《えん》をもって
おつかいに行《い》ったよ
100円《えん》の
トマトを買《か》ったら
おつりはいくら？

983

よごれも
おちないし
風《かぜ》もふかない
「ふく」と
きらわれちゃう
ものはなに？

984

ペンをもって
いなくても
かける計算《けいさん》って
なに？

985

ダジャレ

電車《でんしゃ》みたいだけど
電車《でんしゃ》じゃない
まちなかを通《とお》る
「のれる」という
のりものってなに？

986

きせつだったら
冬《ふゆ》におおくて
人《ひと》だったらなにかを
見《み》たり聞《き》いたりして
考《かんが》えたときに
出《で》てくるのはなに？

987

はだかに
ならなくても
小《ちい》さな体《からだ》でも
できる
「親《おや》」をつかう
すもうは？

988

たねと水《みず》と木《き》がしょうぶをしたらかつのはどれ？

むずかしい

989

もらえないけどまっていればまいにち「くれる」ものってなに？

336～337ページのこたえ

978　い（1は1つめ、2は2つめの文字《もじ》を見《み》よう）……□
979　4ひき（オスかメスかわかるのは、おとなのかえるだけだよ）…□
980　あさって…□　981　きれい…□　982　0《ゼロ》円《えん》……□
983　ほら……□　984　かけ算《ざん》…□　985　モノレール…□
986　かんそう…□　987　ゆびずもう（親《おや》ゆびをつかうよ）……□

ほんとうのことよりも話《はなし》を大《おお》きくすることを「ほら」という。そういう話《はなし》をする人《ひと》は「ほらふき」とよばれるぞ。

990

もんだいだとこたえ
人間《にんげん》だとぬすむ人《ひと》
これってなに？

むずかしい

991

ものをすぐに買《か》う人《ひと》は
もうかっているかな
いないかな？

ダジャレ

むずかしい

992

かけ算《ざん》じゃないけど
きをつけたら
かけることが
できるのは
「＋《たす》−《ひく》÷《わる》」
のうちどれ？

993

さいしょでも
さいごでもなく
まん中《なか》がいい
じゅぎょうって
なに？

994

羽《はね》が生《は》えて
いなくても
とぶことのできる
手《て》にもってつかう
どうぐってなに？

995

しっぱいして
直《なお》そうとした
ぶきって
なに？

338～339ページのこたえ

988 木《き》（たねと水《みず》は「まける」から）……□
989 日《ひ》……□
990 かいとう…□
991 もうかっている（もう買《か》っている）……□

もんだいのこたえは「解答《かいとう》」、ものをぬすむ人《ひと》は「怪盗《かいとう》」と書《か》く。まったくべつのものになるぞ。

996

火《ひ》と水《みず》と石《いし》のうち
なにもしなくても
たくさんの人《ひと》に
すかれているのは
どれ？

むずかしい

997

七《なな》つの刀《かたな》を
合《あ》わせて
なにをする？

998

9こあったら
とられない
大《おお》きなかばんって
なに？

ダジャレ

999

アルファベットで
「しずかに」と
いっているのは
なに？

1000

今《いま》の人《ひと》を
とったら
のこる音《おと》は？

むずかしい

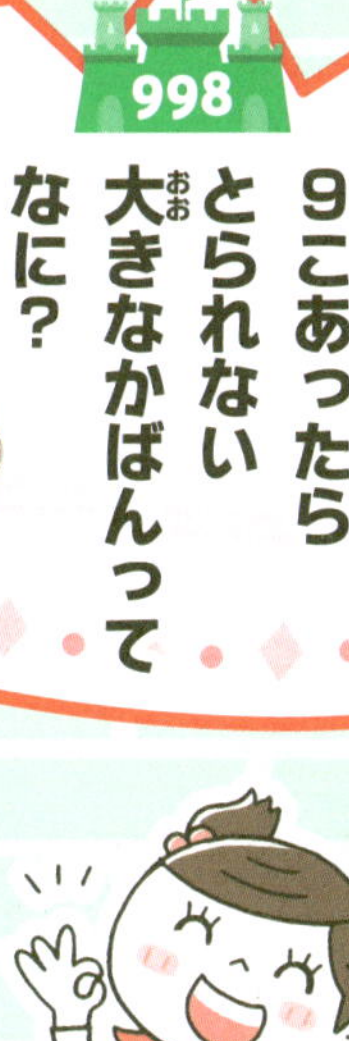

ファイナルステージ

ごほうびクイズ

ついに、さいごのごほうびクイズだぞ。きみは、「ことばがみにつく王《おう》かん」をみつけられるかな？　まずは、このあんごうをといてみよう！

王《おう》さまのなぞなぞ 2もんめ-3 (333ページ)	985-4	998-4	王《おう》さまのなぞなぞ 1もんめ-2 (332ページ)	981-2

今《いま》までとばんごうがちがうぞ

くっついている数字《すうじ》に
ちゅうもくしましょう。
たとえば、994-4なら「び」です！

340～341ページのこたえ

992 ＋《たす》(たすきは「かけられる」から) ……□
993 たいいく ……□
994 なわとび ……□
995 やり(やりなおす) ……□
996 石《いし》(もてるから) ……□
997 切《き》る(七+刀=切) ……□
998 トランク(とらん9) ……□
999 C《シー》(しーっ) ……□
1000 ラ(「今《いま》」の上《うえ》のぶぶんは「人《ひと》」をあらわすよ) ……□

わかったかな？　ばんごうに書《か》かれたなぞなぞのこたえの何《なん》番《ばん》目《め》の文字《もじ》か、ということだな。マスをうめてみよう。

こたえ

ま	ー	ク	ぬ	れ

王《おう》さまのなぞなぞ 2 もんめ おしまい
985 モノレール　998 トランク
王《おう》さまのなぞなぞ 1 もんめ たぬき　981 きれい

わかった！
「マークをぬれ」ってことね！

こちらのぬりえの中《なか》の
■、♥、➡、★、♠のマークが
ついたところをぬってみましょう！

ゆうとくん　みごとに『ことばがみにつく王《おう》かん』を手《て》に入《い》れたな
ゴホン!
これさえあればしゅくだいもかんたんだ!
ただし　王《おう》かんをかぶっていてもさぼっていたらことばはみにつきません!
そうよお兄《にい》ちゃんがんばってなぞなぞをとくことでことばがみにつくのよ
うむ　ことばをおぼえるにはなぞなぞがいちばんだな!
わかってるよ~
でもなぞなぞって楽《たの》しいよねまたときたいな!

どうだ？ なぞなぞは まだまだ たくさん あるぞ
う…うん でも しゅくだいを やらなくちゃ いけないから 帰《かえ》るよ！
そうよ 早《はや》く帰《かえ》らないと お母《かあ》さんに しかられちゃうわ
そうか… またいつでも なぞなぞを ときに 来《き》てくれよ
はい もっとたくさん なぞなぞを といて ほしいです！
うん！ また来《く》るから たくさん なぞなぞを 考《かんが》えて おいてね！
はっはっはっ！ またおいで！
では おうちまで お見《み》おくり します！
うん 王《おう》さま またね 〜！

ファイナルステージのこたえ

おまけ もんだいの こたえ

P29　まちがいさがし

P67　めいろ

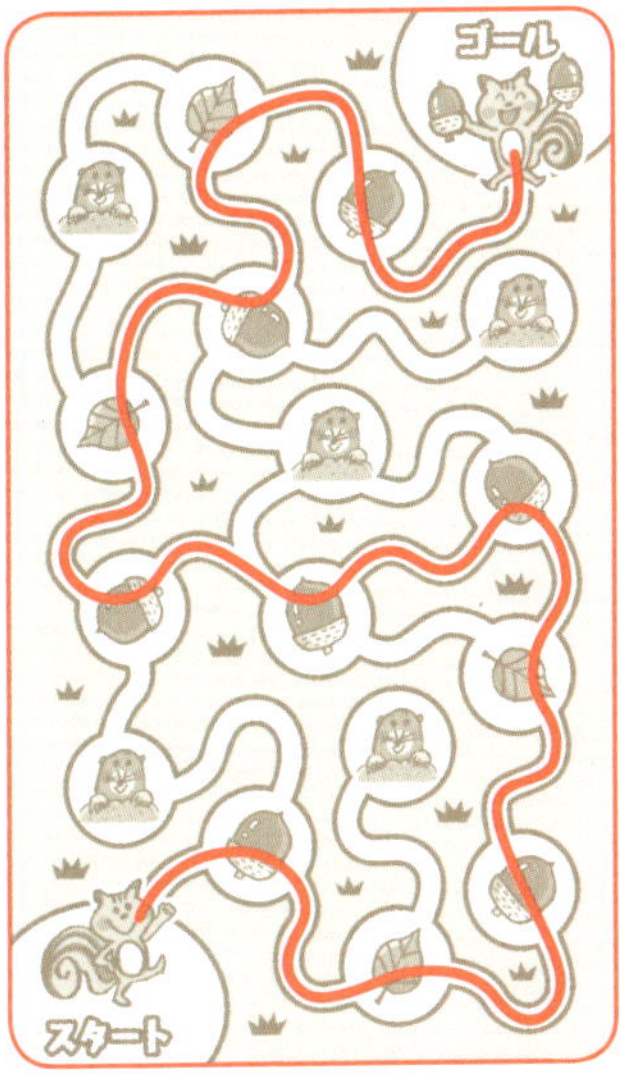

P49　数《かぞ》えよう

こたえ：4つ

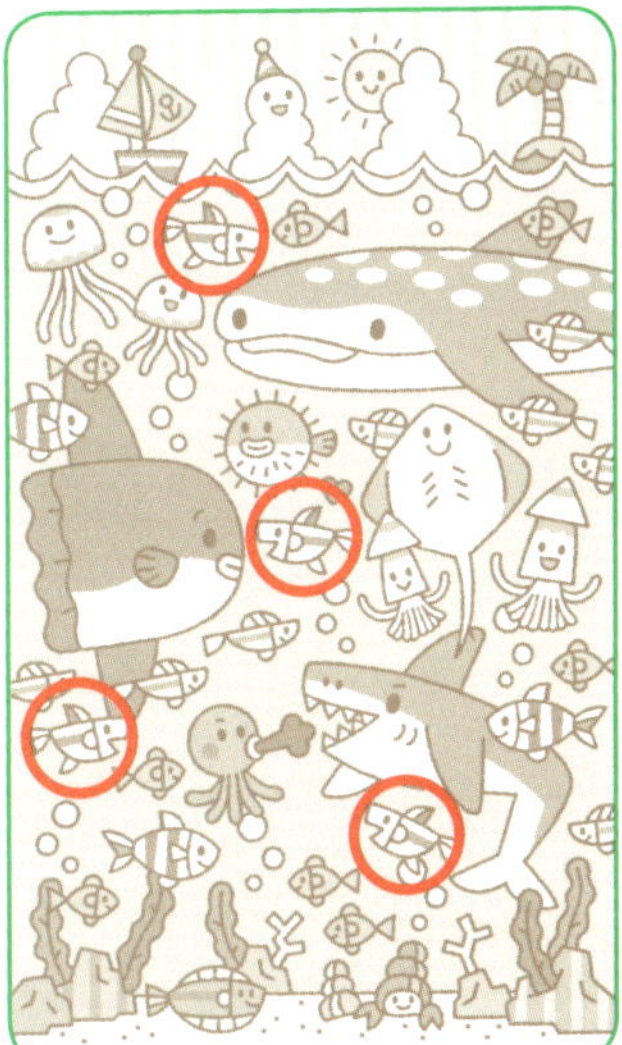

P115　みつけよう

P99　えしりとり

こたえ：めがね、ねこ、こま、マイク、くつ、月《つき》、きつね

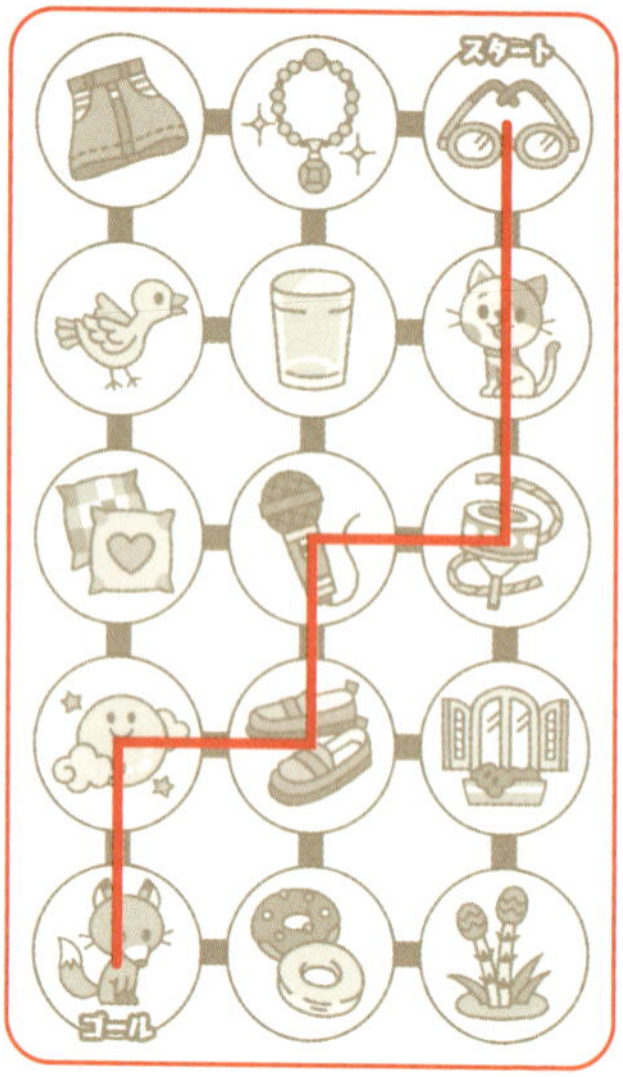

P163　まちがいさがし

P129　めいろ

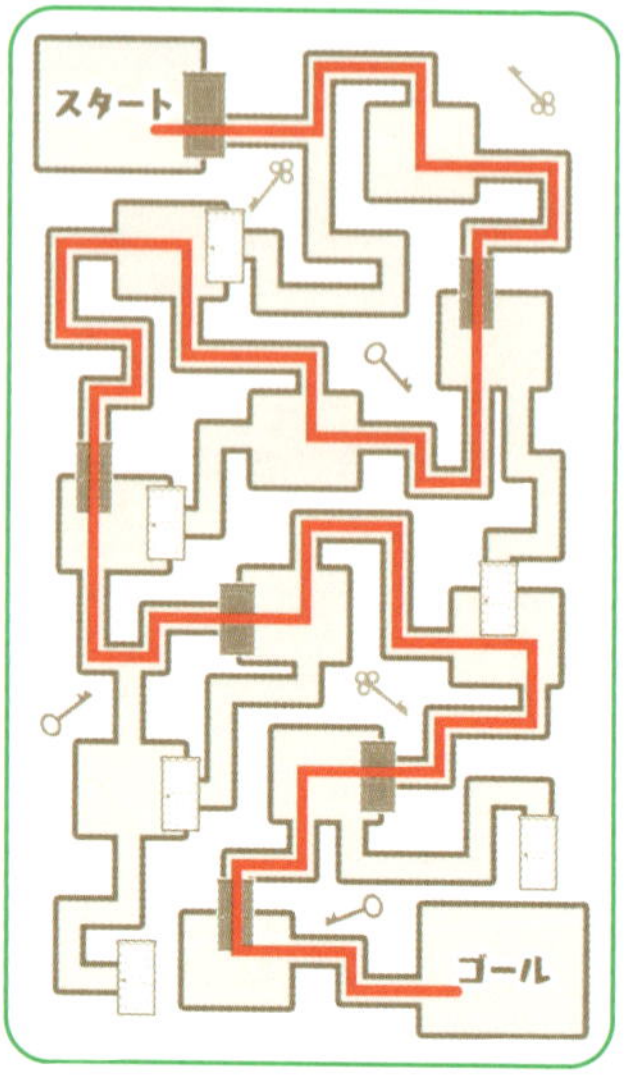

P195　めいろ

P179　数《かぞ》えよう

こたえ：6つ

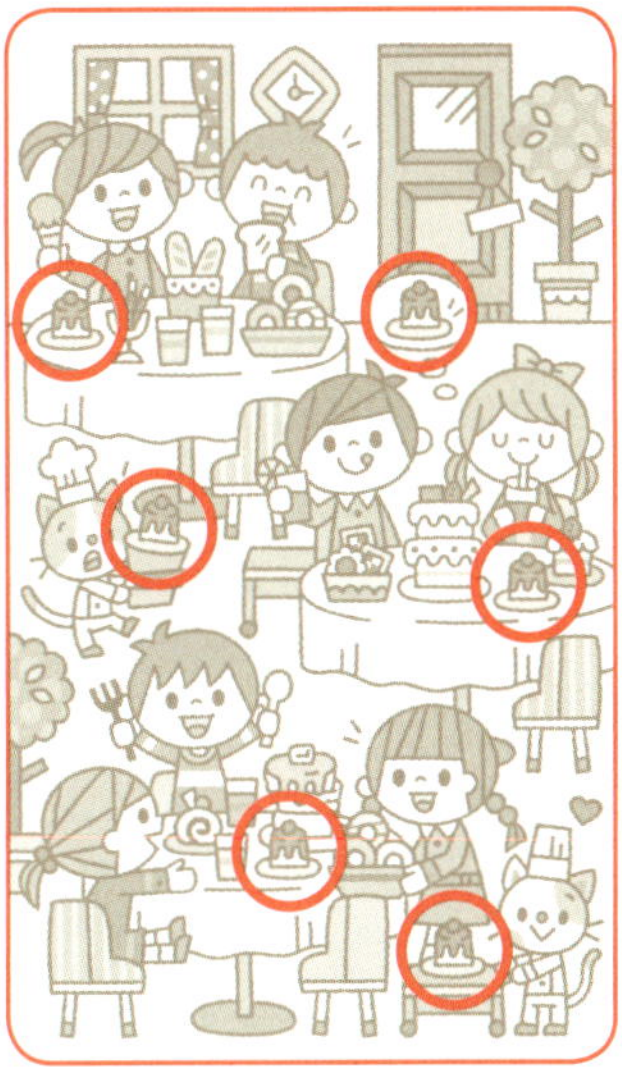

P243　みつけよう

P227　えしりとり

こたえ：テスト、時《と》計《けい》、いす、スリッパ、パンダ、だんご、ゴリラ、らっぱ、パズル

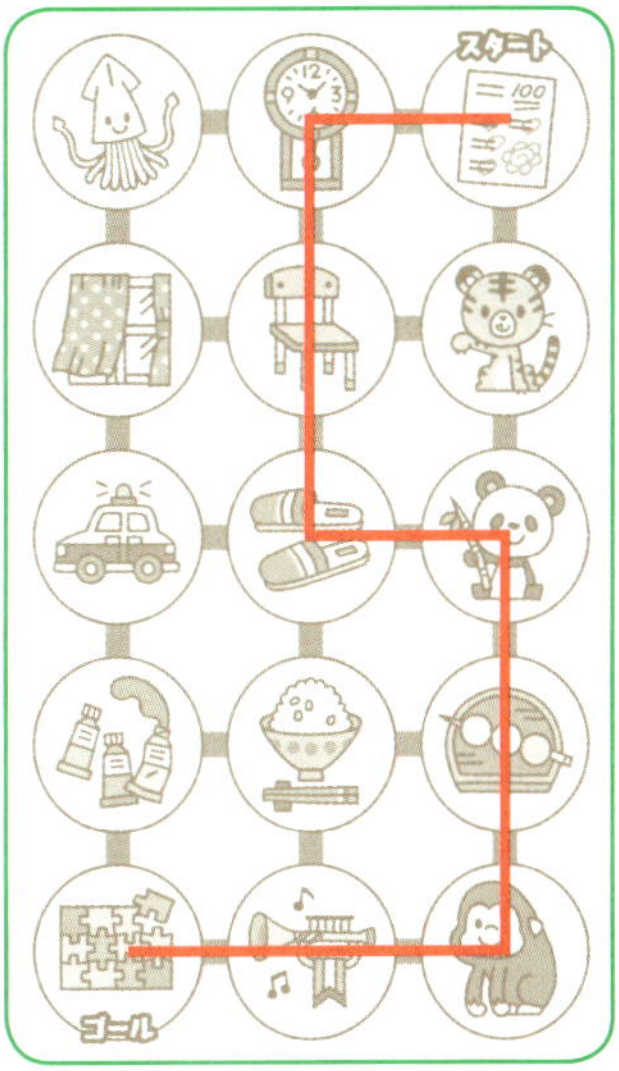

P291　まちがいさがし

P255　めいろ

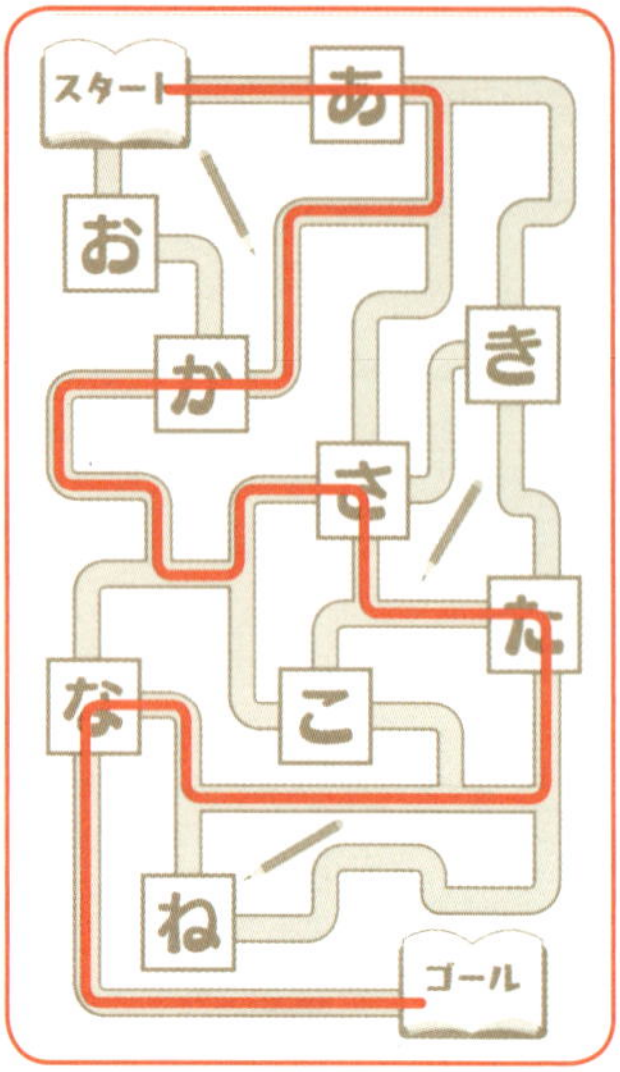

P325　めいろ

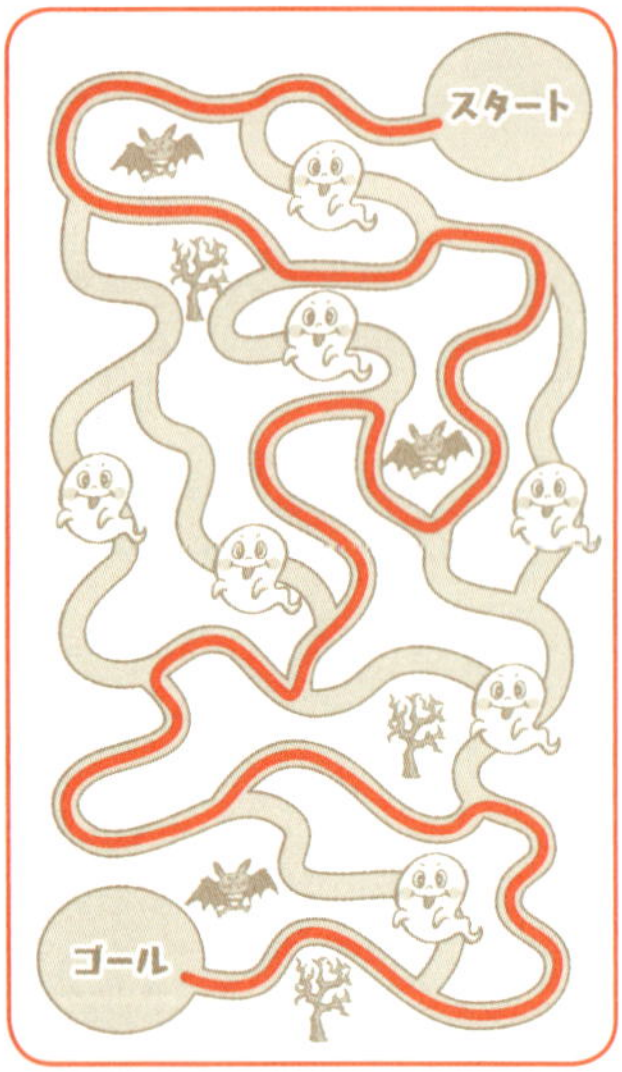

P307　数《かぞ》えよう

こたえ：4つ

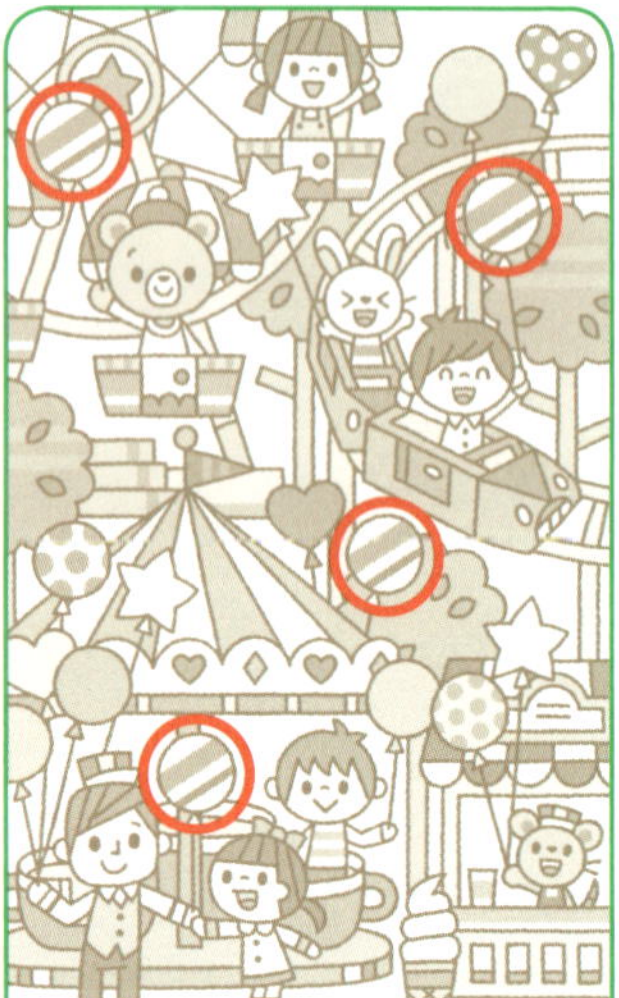